LE

TROISIÈME CONGRÈS INTERNATIONAL

DES

SOURDS-MUETS

GENÈVE 1896

Par Henri GAILLARD, ()

Directeur du *Journal des Sourds-Muets*

Secrétaire du Comité du Programme du Congrès

Prix : 1 franc — Franco : 1 fr. 15

PARIS

Aux Bureaux du *Journal des Sourds-Muets*

2, FAUBOURG SAINT-JACQUES

GENÈVE

Chez M. RICCA, Secrétaire du Congrès

17, RUE DES ÉTUVES

1898

LE
TROISIÈME CONGRÈS INTERNATIONAL
DES
SOURDS-MUETS

GENÈVE 1896

Par Henri Gaillard,

Directeur du *Journal des Sourds-Muets*

Secrétaire du Comité du Programme du Congrès

Prix : 1 franc — Franco : 1 fr. 15

PARIS

Aux Bureaux du *Journal des Sourds-Muets*

35, FAUBOURG SAINT-JACQUES

GENÈVE

Chez M. RICCA, Secrétaire du Congrès

17, RUE DES ETUVES

1898

M. Jules SALZGEBER

PRÉSIDENT DU CONGRÈS DE GENÈVE

(Dessin de M. Hennequin.)

M. Jacques RICCA

SECRÉTAIRE GÉNÉRAL DU CONGRÈS

(Dessin de M. René Hirsch.)

INTRODUCTION

Le sort de tous les comptes rendus de Congrès est de ne paraître jamais assez vite. Il y a d'abord la nécessité de coordonner les mémoires, d'analyser les discussions, de traduire les travaux étrangers, d'élaguer ce qui est inutile. Cela se dit pour les Congrès d'entendants-parlants. A plus forte raison ce doit être pour les Congrès de Sourds-Muets. Les brochures relatant les travaux des deux Congrès Internationaux de Sourds-Muets de Paris (1889) et de Chicago (1893) ne purent paraître que plus d'un an après leur session. Il en a été ainsi du Congrès de Genève et pour lui beaucoup plus que pour les autres. Cela, il faut bien le dire, est de la faute de l'Imprimerie de Sourds-Muets. Les membres du Comité du Congrès de Genève, par un sentiment de fraternité qui les honore ont voulu que le résumé de leurs travaux fût imprimé par des ouvriers Sourds-Muets. Ils ont voulu procurer du travail à des frères. Ils ont voulu soutenir une œuvre d'émancipation de Sourds-Muets. Ils ont compris que du succès de la Presse silencieuse dépendait la marche en avant du monde Silencieux. En cela ils ont été dans les vues de l'avenir. Ils doivent être félicités et remerciés.

Malheureusement, lorsqu'ils ont confié leur travail à l'Imprimerie des Sourds-Muets, elle n'était pas à la hauteur de sa tâche. Elle subissait les hésitations et les tâtonnements de toutes les entreprises à leurs débuts. Tant bien que mal, elle s'est mise à la besogne. Mais avec un matériel insignifiant, une machine d'ancien système, et les obligations de satisfaire les premiers clients entendants qui venaient à elle, elle a dû marcher lentement. Ce n'est que lorsque le dévouement d'un sourd-parlant français, d'élite et de générosité, M. Henri Desmarest, lui a permis de prendre plus d'ampleur, qu'elle a pu presser ses travaux.

Que les Congressites veuillent donc bien excuser son retard. Ils comprendront qu'avec un directeur à la fois administrateur-comptable, secrétaire, rédacteur, compositeur, metteur en pages, etc., débordé, dérangé, visité, il n'était pas possible de satisfaire les uns et les autres. Maintenant que le personnel est nombreux, l'Imprimerie réalisera son but et fera avancer le monde Silencieux.

II

Le Congrès de Genève a eu certainement en Europe un retentissement très grand. Organisé hâtivement par MM. Salzgeber et Ricca, il s'est trouvé du premier coup posté en bataille contre la méthode orale. Les coups ont été rudes et ont porté. Si leur effet n'a pas été immédiat, c'est qu'ils sont de ceux qui agissent lentement, par infiltration dans les esprits qu'ils convainquent peu à peu, par évolution de l'opinion vers le vrai et le juste. Au jour prochain du triomphe de la Cause Silencieuse, le Congrès de Genève aura sa part très belle dans la gloire de la victoire.

Rien ne démontre mieux l'utilité du Congrès de Genève que tant d'articles consacrés à son éloge par les grands journaux politiques. Et rien ne synthétise mieux la portée considérable de son œuvre que cette noble Chronique du *Journal de Genève* que nous reproduisons intégralement :

Le congrès des sourds-muets qui vient de se réunir dans notre ville, à l'occasion de l'exposition nationale, mérite qu'on le remarque, non pas seulement à cause de la singularité de ces discours mimés, dont quelques-uns ne manquaient ni d'éloquence ni de précision, — ce qui est plus rare, même chez les discours d'orateurs qui parlent autrement qu'avec les doigts, — mais à cause de ce qui s'y est dit.

Habitués que nous sommes à considérer la méthode qui a rendu la parole à ces lèvres muettes comme une magnifique découverte et un immense bienfait, ne supposant même pas qu'on pût être d'un autre avis, c'est avec une profonde surprise que nous avons vu, car on ne peut dire entendu, presque tous les orateurs qui ont paru à la tribune, faire avec leurs doigts le procès d'une innovation que presque à l'unanimité, ils ont déclaré malheureuse et même fatale pour le développement des sourds-muets. Tous, à l'exception d'un seul, ont affirmé que la méthode orale n'enseigne au malheureux privé de la parole qu'un mécanisme artificiel qui peut lui servir à se faire comprendre des autres, c'est-à-dire des hommes qui parlent, mais qu'elle ne traduit pas exactement leur pensée ni surtout leurs sentiments, qu'elle ne peut leur inculquer aucune idée religieuse ou morale. Et c'est pour cela et dans l'intérêt des sourds-muets, c'est-à-dire d'eux-même, qu'ils demandent que l'on renonce à cet essai malheureux pour revenir au système des signes, seul langage de ceux à qui la nature a fermé le monde des sons.

Puisqu'ils sont tous d'accord, non seulement il est juste de les entendre, mais il faut aussi se rendre compte des causes de cette campagne imprévue menée contre une méthode qui a excité tant d'enthousiasme. Peut-être cela dépend-il du point de vue où l'on se place. Ceux qui entendent et qui parlent ont été heureux de voir les sourds-muets entrer en communication avec eux et ils leur ont attribué le même sentiment de joie.

Mais il faut croire que les intéressés eux-mêmes considèrent cette parole qu'ils ne peuvent entendre comme une langue morte, difficilement apprise, jamais sue, tandis que le signe, le geste, est pour eux une langue vivante qui traduit sans effort toutes leurs pensées, tous leurs sentiments et les met en rapport avec leurs semblables les autres sourds-muets. Et peut-être s'aperçoivent-ils que la pratique du langage artificiel nuit à celle du langage naturel et que la conversation avec les parlants ne rachète pas en intérêt pour eux celui qu'ils parlent avec leurs confrère en infortune.

En tout cas, cette plainte est unanime et ne peut être rejetée sans examen. Elle mérite d'attirer l'attention de ceux qui s'occupent de cette œuvre admirable et difficile, l'éducation des sourds-muets, soit pour en apprécier la cause, soit pour aviser aux moyens de rétablir entre les deux méthodes un équilibre qui semble avoir été momentanément troublé par l'importance donnée à la plus parfaite des deux, au moins celle qui nous paraît telle, parce qu'elle rapproche davantage de nous ces infortunés, parce qu'elle a l'air de leur rendre ce don de la parole qui nous paraît d'un prix inestimable. Mais s'ils en jugent autrement, ce n'est pas à notre point de vue, c'est au leur qu'il faut se placer. Nous ne serions pas étonnés que ce congrès de Genève marquât la date d'un progrès nouveau dans l'éducation des sourds-muets.

Et rien ne démontre souverainement combien fut l'effroi des partisans néfastes de la méthode orale pure, combien ils eurent de colère de voir les sourds-muets se réunir entre eux, pour s'occuper seuls de leurs intérêts que cet articulet d'un journal de professeurs de sourds-muets italiens que nous transcrivons dans toute sa saveur :

CONGRÈS DE MUETS (Sic)

« Ce congrès a été annoncé à grand fracas par certains journaux politiques, avides de nouvelle à *sensation*.

« Il n'y a pas à s'en offenser ni à s'en inquiéter pas plus qu'un médecin qui se trouve critiqué et jugé par un pauvre hydropique.

« S'il y avait jamais quelqu'un qui sût et voulût raisonner nous lui demanderions raison de cette manière très étrange de donner des marques de gratitude à leurs bienfaiteurs, non de leur compétence à résoudre des problèmes qui font pâlir les plus savants; et encore comment expliquer que l'instruction par les

gestes étant mille fois plus facile et moins fatigante, nous nous
mettions à cette autre méthode ingrate, pénible, qui nous use
physiquement et intellectuellement !..

« Mais c'est du temps perdu. Tâchons, Collègues, de ne pas
nous laisser distraire par ceux-ci qui voudraient nous faire re-
pentir de trop travailler pour leur malheureuse classe.

« Au devoir !!! »

Cet Italien admirable n'est pas seul dans sa patrie,
ni en Europe, ni même en France, croyez-le bien. Il
existe malheureusement des professeurs de sourds-
muets qui s'illusionnent sur leur savoir, l'énormité
de leurs fatigues, et qui pourtant, travaillent moins
que bien de modestes, de dévoués, produisent moins
que beaucoup de très habiles, de très consciencieux
qui ne sont ni des tumultueux ni des péroreurs,
mais de vrais amis des sourds-muets. Ces gens-là
qui vivent des sourds-muets sont au fond leurs pires
ennemis. Ils se grandissent aux dépens de notre rava-
lement, et eux, qui devraient être heureux d'animer
des intelligences engourdies, eux, qui auraient intérêt
à détruire les préjugés, les couvent plutôt avec un
soin jaloux, leur infusent le virus d'une propagation
grandissante et ne veulent pas admettre que leurs
élèves, une fois pourvus de connaissances, une fois
délivrés de toute tutelle, montrent qu'ils veulent faire
agir leur savoir, et leur pouvoir et leur libre vouloir
pour améliorer davantage leur sort. Ils veulent nous
garder dans une dépendance honteuse, dans une
infériorité avachissante, dans un dédain de parvenus
qu'ils sont.

Et voilà pourquoi ils s'indignent de notre volonté
d'être nous-mêmes, voilà pourquoi ils essaient tous
les moyens pour nous humilier, nous dégrader, nous
ridiculiser. Ils savent très bien que nous sommes un
peuple à part, qui, émancipé moralement et intellectuellement, a la prétention de s'émanciper matériel-
lement. Ils savent très bien que nous sommes dans
notre droit, dans notre conscience de nous-mêmes
lorsque nous discutons sur nos intérêts, lorsque
nous démontrons que ceux qui s'arrogent le droit de
disserter à notre sujet, de s'occuper des méthodes de
nous instruire, font fausse route, et que nous seuls,
arrivés au soleil de l'intelligence, avons autorité et
raisonnement voulu pour savoir ce qu'il nous faut,
ce qui nous manque, ce qu'on a eu tort de nous pro-
diguer et ce que l'on aurait mieux fait de nous

donner. Au devoir! dîtes-vous, Fornari, Molfino, Renz, Mygind et tant d'autres! Oui, frères, au devoir! au drapeau! au drapeau de l'abbé de l'Epée! Levons-le, haut et ferme, ses plis largement déployés en face de nos adversaires; frappons d'estoc et de taille; ne nous lassons pas qu'ils ne disent merci et ne proclament que nous sommes des hommes, ayant le droit des hommes de s'occuper des hommes leurs semblables! Et c'est le jour où nous serons arrivés à cette suprême victoire, que les mânes de l'abbé de l'Epée tressailliront d'allégresse, c'est ce jour-là que nous aurons payé à sa chère mémoire le plus éclatant tribut de reconnaissance.

Henri GAILLARD

LE
TROISIÈME CONGRÈS INTERNATIONAL
DES
SOURDS-MUETS

>—⋇—<

GENÈVE 1896

Par Henri GAILLARD

Le Congrès international des Sourds-Muets de Genève qui est le troisième congrès international sérieusement organisé et ayant attiré des sourds-muets de diverses nations s'est tenu dans la salle de l'Aula de l'Université de Genève les mercredi 19, jeudi 20 et vendredi 21 août, les deux derniers jours le matin et le soir. Il a eu un très grand succès et les débats ont admirablement marché, grâce surtout, tout le monde l'a proclamé, à la direction qu'a su leur imprimer le Directeur du *Journal des Sourds-Muets*, M. Henri Gaillard, que le comité genevois avait nommé Secrétaire du Programme.

PREMIÈRE SÉANCE

(MERCREDI 19 AOUT MATIN)

Prennent place au Bureau, M. Salzgeber, président, ayant à sa droite M. Albert de Buren, vice-président, et M. Henri Gaillard, secrétaire du Programme ; à sa gauche, M. Henri Genis, président d'honneur, Francesco Guerra, vice-président d'honneur, et M. Ricca, secrétaire général.

L'assistance est assez nombreuse. On remarque trois instituteurs entendants-parlants, M. l'abbé Jäggy, aumônier de l'Institution de Sourds-Muets de Géronde (canton de Fribourg) et les Chères Sœurs Quintine et Bernalda, l'une directrice de l'Institution de Géronde, l'autre de l'Institution de Gruyères (Valais).

Au début de la séance, M. Salzgeber mime une éloquente allocution dans laquelle il explique pourquoi les sourds-muets suisses ont tenu à organiser un congrès international de sourds-muets à Genève : « C'est, dit-il, afin de ne pas rester en arrière de nos vaillants frère de France. J'ai eu l'occasion d'apprécier leurs travaux aux congrès de Paris Aix-les-Bains et Lyon, et j'ai voulu que les sourds-muets de la République Helvétique ne restent pas en arrière d'eux. Je remercie ceux qui m'ont secondé dans la rude tâche d'organiser ce congrès, particulièrement M. Ricca, secrétaire-général pour Genève, et M. Gustave Secretan, de Lausanne, ainsi que M. Gaillard, directeur du *Journal des Sourds-Muets*, qui a bien voulu contribuer à la préparation du programme. Je remercie aussi M. Genis, président de l'Association amicale des Sourds-Muets de France, d'avoir bien voulu accepter la présidence d'honneur de ce congrès. »

Les signes de M. Salzgeber sont très clairs et très larges.

Après que M. Ricca eut rendu compte des travaux du Comité d'organisation, M. Micheloni, président de la *Société de Secours Mutuels des Sourds-Muets de Rome*, délégué par le ministère de l'Instruction publique, d'Italie, vient faire un vibrant discours qui soulève des applaudissements enthousiastes. Il félicite les sourds-muets suisses de n'avoir pas reculé devant la tâche de prendre leur part dans le mouvement qui porte tous les silencieux de l'univers à travailler par eux-mêmes à l'amélioration de leur sort, et fait un bel éloge de l'abbé de l'Epée, ce qui transporte les sourds-muets français.

« Lui seul, gesticule M. Micheloni, est le véritable libérateur des sourds-muets du monde entier. Mais pourquoi a-t-on abandonné sa méthode merveilleuse d'éducation par la parole et les signes pour prendre la méthode orale pure d'éducation par la parole et la lecture sur les lèvres ? Avec cette méthode nous n'arriverons plus à faire que les sourds-muets s'élèvent à un rang honorable dans la société. »

M. Micheloni termine en rendant un éclatant hommage à M. Henri Gaillard qui a contribué plus que personne à amener des adhérents au Congrès. Il adjure tous les sourds-muets de se serrer autour de lui.

M. Gaillard, directeur du *Journal des Sourds-Muets*, secrétaire du Comité du Programme, rend compte des travaux du Comité et présente les excuses des sourds-muets qui ne peuvent se rendre à Genève, mais qui ont tenu néanmoins à envoyer des mémoires, lesquels seront lus au fur et à mesure des débats.

M. Gaillard lit les lettres de M. Watzulik, d'Altenburg envoyant ses mémoires et se faisant représenter par M. Charles Kriéger, président de l'Association des Sourds-Muets de Stuttgard (Wurtemberg); Francis Maginn, de Belfast, proclamant la nécessité de faire conduire les Congrès de sourds-muets exclusivement par les sourds-muets ; Henri Toulouse, de la Robertsau (Alsace) souhaitant un grand succès au Congrès ; Emilio Bolzern, de Milan, soutenant la nécessité d'un familistère à l'usage des sourds-muets nécessiteux ; J.-B. Foster, de Carlisle, que l'état de sa santé empêche de se rendre au Congrès ; Amos G. Draper, professeur au Collège des Sourds-Muets de Washington, regrettant d'avoir été informé trop tard et priant M. Gaillard de lire si possible est son mémoire sur l'Avenir des Sourds-Muets aux Etats-Unis lu à la Réunion à Philadelphie des anciens élèves du Collège des Sourds-Muets de Washington ; M. Warren Robinson, président de la Section Industrielle à la Convention américaine des professeurs de Sourds-Muets, s'étendant en de longues et justes considérations sur l'enseignement manuel ; Meissonnier et le pasteur Chastand, qui regrettent que les organisateurs du congrès se soient privés du concours des entendants attachés à la cause des sourds-muets et assurant le congrès de leurs meilleurs vœux de succès.

Le premier mémoire lu est celui de M. Ricca qui présente un rapport sur la situation des sourds-muets en Suisse.

Ensuite vient M. Giorgetti, de Milan, qui dit que si beaucoup de sourds-muet italiens parviennent à une position fort honorable, le plus grand nombre croupissent dans une affreuse misère. Comme remède, M. Giorgetti préconise, de la part de M. Emilio Bolzern, sourd-muet notable de Milan, empêché de se rendre au congrès, la création d'un familistère à l'usage des sourds-muets.

— M. René Desperriers mime un mémoire très vigoureux sur l'emploi des professeurs sourds-muets dans l'enseignement des sourds-muets. Il s'élève en gestes virulents contre le renvoi de ces professeurs des écoles et affirme qu'avant peu les écoles de sourds-muets qui ont commis cette maladresse tomberont en décadence.

M. Dusuzeau, professeur sourd-muet de l'Institution nationale de Paris, officier d'académie, saisit l'occasion pour parler de la visite que fit M. Félix Faure, président de la République française, à l'Institution des Sourds-Muets de Fougères, lors de son voyage en Bretagne. En gestes d'une superbe et impressionnante éloquence, M. Dusuzeau montre les marques de pitié ressenties par les personnes entendant pour la première fois parler des jeunes sourds-muets démutisés par la méthode orale pure.

Il raconte comment, en voyant le président s'adressant

à un jeune sourd-muet auquel il demandait s'il voulait accepter de sa part une partie de plaisir et duquel il obtenait cette brutale et grossière réponse : « Non », la maîtresse intervint et prétendit que l'enfant avait bien compris et répondait ainsi parce qu'il voulait partir le lendemain en vacances. M. Dusuzeau dit que c'est là un manque de franchise de la supérieure, un moyen détourné de cacher l'insuffissance de l'enseignement par la méthode orale pure et il stigmatise de manière virulente les maîtres qui se servent de tels procédés à la face de Dieu.

M. Genis, président d'honneur du congrès, mime une allocution très applaudie pour souhaiter que les travaux du congrès ait un beau résultat.

Après quelques communications sans importance, M. Salzgeber renvoie la seconde séance à jeudi, dix heures du matin. Il y aura séance également l'après-midi.

DEUXIÈME SÉANCE

JEUDI MATIN

Au début de la séance arrive la délégation des sourds-muets de Berne, apportant le drapeau de l'Union des sourds-muets suisses. Ce drapeau est salué par les bravos de toute la salle.

M. Fontanellaz, de Berne, mime un mémoire sur les relations des sourds-muets suisses, de langue allemande avec ceux de langue française.

M. Gaillard, de Paris, demande que le congrès nomme vendredi une commission internationale composée des principaux sourds-muets d'énergie et d'action, qui aurait pour mission de faire exécuter les résolutions prises par le congrès.

M. Krieger, de Stuttgart, dit qu'il faut éviter à tout prix d'agir au moyen de pétitions que les administrations publiques mettent au panier et qu'il faut préférer les moyens puissants offerts par la presse : polémiques, informations.

M. Hamar lit un mémoire de M. Hirsch qui préconise l'emploi absolu du dessin dans l'enseignement des jeunes sourds-muets.

M. Guerra, de Naples, lit un magistral mémoire, interrompu à chaque instant par des bravos retentissants, contre l'emploi de la méthode orale pure, qui a considérablement abaissé le niveau intellectuel des sourds-muets italiens.

La lecture de ce mémoire dure une heure.

M. Dusuzeau, de Paris, fait voter des résolutions que nous récapitulerons à la fin du congrès.

A la fin de la séance, M. Gaillard fait voter des remerciements à la presse genevoise pour le service qu'elle rend à la cause des sourds-muets en publiant un résumé des travaux du congrès.

TROISIÈME SÉANCE

JEUDI APRÈS-MIDI

M. Emile Schafer, de Bâle, combat violemment l'emploi de la méthode orale et montre avec une vérité frappante ses néfaste effets dans toutes les écoles de la Suisse allemande.

M. Lagier, de Saint-Hippolyte-du-Fort (Gard) lit un mémoire oralement, que M. Née traduit par signes, sur la création urgente d'un collège de sourds-muets instruits dans chaque pays, analogue à celui qui existe à Washington et qui fait que les sourds-muets américains sont les premiers du monde.

M. Klöfverskjold, de Stockholm, lit un mémoire très remarqué sur la situation des sourds-muets de Suède. Il montre que la méthode mixte d'enseignement par les signes et la parole est plus en faveur dans son pays que dans n'importe quelle contrée d'Europe.

M. Krieger, de Stuttgart, et après lui M. Schafer, de Bâle, M. Micheloni, de Rome, viennent combattre le déplorable enseignement manuel donné dans les écoles des sourds-muets, enseignement qui est la cause que l'on rencontre tant de sourds-muets colporteurs. Il réclame énergiquement que l'on donne aux sourds-muets des métiers artistiques de préférence et plus lucratifs.

M. Genis, de Paris, lit un mémoire vigoureusement applaudi sur l'éducation des sourds-muets. Nous en détachons les passages suivants :

« Or, je vous le demande, comment voulez-vous que sans le secours du langage des signes on puisse faire comprendre aux petits sourds-muets qu'ils ont tort de faire cela, qu'ils font mal en faisant ceci, qu'ils auraient raison de faire autrement, que cet autrement s'appelle faire bien ; oui, comment voulez-vous qu'ils saisissent le pourquoi et le parce que de ceci et de cela, si vous leur ânonnez des phrases qui seront indéchiffrables, et comme lecture sur les lèvres et comme énigmes.

« Ah ! oui, Messieurs, les maîtres adeptes de la méthode orale se rendent très bien compte de la faiblesse de leur système au point de vue de la moralisation, car ils sont forcés de se servir de signes en cachette et ce sont ceux-ci qui obtiennent de leurs élèves plus de déférence, de soumission et d'affection et aussi de compréhension, lien suprême de l'élève au maître. »

M. Née mime une vibrante adresse à la presse genevoise, qu'il prie d'accorder toute sa sympathie aux sourds-muets, comme le fait la presse française.

M. Steinthal, de Berlin, lit une communication du Cercle des sourds-muets berlinois.

M. Née demande que les délégués étrangers fassent tous leurs efforts pour faire aboutir dans leur propre pays les résolutions du congrès.

Comme on lit une explication sur la nouvelle école de sourds-muets récemment fondée à Géronde, laquelle emploie la méthode orale pure et dont les représentants se trouvent au congrès, M. Dusuzeau, de Paris, saisit l'occasion pour démontrer que sans le secours du langage des signes, on n'arrivera jamais à faire comprendre aux sourds-muets les idées abstraites, les vérités de la religion, les nuances de la langue.

La séance est levée à 4 h. 1/2.

QUATRIÈME SÉANCE

VENDREDI MATIN

M. le Président donne lecture de diverses lettres et télégrammes de l'étranger.

M. Micheloni lit une lettre de M. Giulio Romani.

M. Gaillard lit une lettre de M. Joachim Ligot, le vaillant paladin du langage mixte, que la maladie retient le plus souvent au lit et qui envoie ses meilleurs vœux aux congressistes.

M. Dusuzeau demande la parole au sujet de M. Joachim Ligot. Il conte son arrivée à l'Institution impériale des Sourds-Muets de Paris, son peu de développement intellectuel alors, et de manière saisissante, il montre comment le directeur de l'Institution voulait renvoyer Ligot comme arriéré, ce à quoi s'opposa l'illustre professeur sourd-muet Ferdinand Berthier qui promit d'arriver à tirer quelque chose de cet enfant. La prédiction se réalisa, Ligot gravit peu à peu tous les échelons scolaires et maintenant Joachim Ligot est l'un des premiers écrivains silencieux (*Applaudissements*).

M. Genis lit un mémoire de M. Aymard, de Bordeaux, sur les ouvriers sourds-muets et demande qu'on se rende meilleur compte de leurs aptitudes.

Ce mémoire amène M. Micheloni, de Rome, à la tribune. Il fait voter des remerciements à M. Aymard.

M. Née, de Paris, développe en signes de grande énergie, la thèse de défense choisie par lui contre la prétention du Dr Mygind, soutenant que les trois quarts des sourds-muets peuplent les asiles d'aliénés ; il dit combien cette doctrine, soutenue devant les facultés par le docteur slave et plusieurs anthropologistes, fait du tort aux sourds-muets au point de vue de leurs intérêts matériels et moraux. « Les sourds-muets sont égaux aux entendants-parlants, et même, à condition d'éducation égale, l'avantage n'est toujours pas du côté de ces derniers, au point de vue de la perception des nuances.

Il dit que le plus grand tort en France vient de ce que les institutions des sourds-muets sont placées dans les services du ministère de l'Intérieur au même rang que les hospices, prisons, etc.

Et, s'adressant aux anthropologistes, il s'écrie : « Qu'ils descendent des hauteurs de leur soi-disant pure science pour venir se mêler à nous, nous étudier en notre vie intime, en notre langage, qu'ils nous étudient enfin autrement qu'en de froides analyses de laboratoire, de tables à dissection et ils trouveront leur chemin de Damas, et nous, nous aurons tué par l'expression de notre intelligence ce redoutable ennemi caché qui veut nous ravaler au rang des brutes. »

Et il énumère les œuvres des sourds-muets tant par la plume que par les arts et demande si les succès remportés aux salons, dans la littérature, dans le travail des plus humbles, sont œuvres des fous, comme le prétendent les anthropologistes. C'est une iniquité !

Son rapport de défense intellectuelle du sourd-muet a été soutenu par les plus grandes marques d'encouragement et d'enthousiasme.

M. Gaillard constate que les médecins qui étudient les sourds-muets par la dissection et qui propagent tant d'erreurs sur les sourds-muets sont très en retard sur les écrivains qui, étudiant la vie, le vécu, observant de près la réalité, ont beaucoup mieux apprécié les capacités intellectuelles des sourds-muets. Il rappelle cette belle vérité de Victor Hugo : « Qu'importe la surdité de l'oreille, quand l'esprit entend ; la seule surdité, la vraie surdité, la surdité incurable, c'est celle de l'intelligence. » Il cite Alfred de Musset qui, dans un touchant roman intitulé *Pierre et Camille*, a montré de façon vraie la puissance de l'amour chez les sourds-muets et les sourdes-muettes. M. Gaillard fait voter des félicitations aux écrivains qui, par leurs travaux, contribuent à détruire les préjugés qui subsistent sur les sourds-muets.

M. Micheloni, de Rome, dit que M. Gaillard peut-être rangé parmi ces écrivains.

M. Desperriers, de Paris, lit une brochure de M. Chambellan, professeur sourd-muet, officier de l'Instruction publique, qui démontre que la vulgarisation du langage des signes chez les entendants-parlants serait un progrès de plus.

M. Hamar, de Vendôme, prouve combien l'enseignement par l'orale pure est insuffisant en citant le cas de deux frères sourds-muets élevés, l'un par la méthode mixte, l'autre par l'orale pure, et tous deux travaillant chez le même patron. Or, c'est le premier qui fait le mieux l'ouvrage, qui comprend le mieux les ordres et sait le mieux traiter ses affaires.

M. Emile Mercier, président de l'Association amicale des Sourds-Muets de la Champagne, demande la création d'une maison de retraite pour les sourds-muets âgés et infirmes. En gestes saisissants, il fait le tableau poignant des vieux sourds-muets isolés dans les hospices d'entendants et qui, s'ils étaient réunis, pourraient passer plus doucement leurs derniers jours. M. Emile Mercier demande aussi que dans les écoles de sourds-muets où l'on emploie la méthode orale, on ne bannisse pas les surveillants sourds-muets, ni les domestiques sourds-muets.

Il dit que leur procurer du travail doit être le premier devoir des maisons d'éducation et que leur emploi ne peut nuire à l'enseignement oral. Il rappelle son voyage à l'Institution des Sourds-Muets de Bologne, établissement oral qui ne se prive pas du concours de professeurs sourds-muets pour l'enseignement du travail manuel.

CINQUIÈME SÉANCE

VENDREDI APRÈS-MIDI

M. Salzgeber fait une communication au nom de la Société des sourds-muets de Hanovre.

M. Dusuzeau, de Paris, lit un très magnifique discours sur cette question : « Les sourds-muets doivent-ils être considérés comme des manœuvres ? » L'orateur, qu'on a appelé le Gambetta des sourds-muets, répond carrément non à cette question. Il dit que les sourds-muets sont capables d'arriver au même niveau que les entendants, de gagner autant qu'eux. Mais pour leur faire une grande habileté, il ne faut pas négliger l'enseignement des mathématiques élémentaires, du dessin linéaire et surtout créer des cours mutuels pour les adultes ayant quitté l'école.

M. Dusuzeau, passant à un autre ordre d'idées, dit qu'il est redevable du degré d'instruction qu'il a pu acquérir (il est bachelier ès-sciences et officier d'académie), à l'enseignement par la mimique et aux professeurs sourds-muets Ferdinand Berthier, chevalier de la légion d'honneur, et Pélissier, le premier poète sourd-muet français, ainsi qu'à son père qui ne commit pas comme tant de parents de sourds-muets, le crime de bannir la mimique de l'éducation de son enfant.

Ce discours très émouvant cause une profonde émotion et M. Micheloni, de Berne, remercie de très sensationnelle manière M. Dusuzeau, en lui donnant une fraternelle accolade. M. Guerra, de Naples, en fait autant.

M. Salzgeber, président du congrès, au nom des sourds-muets suisses, félicite également M. Dusuzeau sur l'éloquence de ses discours.

M. Gaillard lit un mémoire, interrompu par de fréquents applaudissements, sur la nécessité de transférer les écoles des sourds-muets françaises du ministère de l'Intérieur au ministère de l'Instruction publique. Ses énergiques résolutions sont votées à l'unanimité. Elles seront transmises à l'ambassadeur de France à Berne, pour qu'il les fasse parvenir à son gouvernement.

Le représentant entendant de l'Institution des sourds-muets de Géronde, M. l'abbé Jaggy, vient dire qu'il ne peut croire que les maîtres qui pratiquent la méthode orale aient besoin de signes pour moraliser les sourds-muets. Il invite les congressistes à venir visiter l'institution, où ils verront que sans l'intermédiaire des signes ils obtiennent beaucoup de résultats.

Cela amène des protestations de M. Micheloni, de Rome, qui veut bien concéder qu'on peut obtenir de bons élèves avec cette méthode, mais sur quelques sujets seulement et non avec le plus grand nombre.

M. Dusuzeau dit que si c'est Dieu qui fait pousser le blé, c'est aussi lui qui a donné au sourd-muet le langage des signes. Or tout ce que l'homme fait à l'encontre de ce que Dieu a fait est mauvais. Il y a une loi qui punit le mal que l'on fait aux oiseaux auxquels on coupe les ailes, il devrait y en avoir une pour punir ceux qui défendent aux sourds-muets de se servir des signes.

M. Née demande comment on pourra dans les églises faire des conférences à des foules de sourds-muets en se servant uniquement de l'articulation. Jamais on ne parviendra à les diriger dans les voies religieuses, tandis que les missionnaires catholiques, les pasteurs protestants qui emploient la mimique parviennent davantage à se faire comprendre et à sauver les âmes en perdition.

M. Emile Mercier croit qu'on peut commencer l'enseignement des sourds-muets sans avoir besoin de recourir au langage des signes. Il dit qu'au cours de ses voyages, il a pu faire connaissance avec des sourds-muets très distingués ne connaissant pas les signes et dit que certains sourds-muets français notables et de belle éducation comme M. Henri Desmarest n'ont jamais été élevés par la mimique.

Cette déclaration soulève de nombreuses protestations.

M. Emile Mercier ajoute qu'il est un fervent partisan de

la méthode mixte, mais qu'il a cru de son devoir de montrer qu'on faisait erreur en prétendant que l'enseignement exclusivement oral nuisait à la moralisation des jeunes sourds-muets.

M. Micheloni félicite M. Emile Mercier sur sa courageuse attitude. Ce qu'il dit est vrai. Mais ces bons résultats ne s'obtiennent qu'avec des individus isolés, privilégiés, et dans de petites écoles. Dans les grandes écoles, avec le plus grand nombre, jamais sans les gestes on n'arrivera à donner de bonnes mœurs et de bonnes habitudes aux sourds-muets (*Applaudissements prolongés*).

M. Gaillard dit que M. Emile Mercier a raison. Dans les conclusions de son *Rapport sur le second congrès International des Sourds-Muets de Chicago*, il a posé en principe qu'on pouvait dès l'entrée du jeune sourd-muet à l'école, et avant toute sélection, l'instruire sans l'intermédiaire des signes, afin de lui donner soit le goût de la parole, soit le goût de la forme écrite. Ce n'est que dans la suite lorsque vient l'âge de raison, que le geste doit intervenir et contribuer à hâter les progrès de l'élève, à décupler ses facultés intellectuelles. M. Gaillard connaît très bien les sourds-parlants distingués dont parle M. Mercier, mais ces sourds-parlants lorsqu'ils ont appris à se servir des signes n'ont pas voulu les abandonner, entre sourds-muets s'entend, et tous ont avoué que la pratique des gestes avait beaucoup développé leur intelligence et formé leur raison.

M. Née demande à remercier M. l'abbé Jaggy et les Sœurs Bernalda et Quintine qui sont les seuls professeurs des sourds-muets ayant voulu assister à nos travaux et ayant osé carrément venir discuter leurs idées avec nous.

M. l'abbé Jaggy avoue que l'enseignement mixte a ses préférences, mais il est forcé de se servir de l'orale pure.

M. Salzgeber parle de l'enseignement exclusivement oral des écoles de la Suisse. Il dit que tous les anciens élèves de ces écoles recherchent avec ardeur la compagnie des sourds-muets adultes pratiquant les signes, et que la plupart des

mauvaises habitudes qu'apportaient ces jeunes sourds-parlants se dissipent à la fréquentation des sourds-muets dont
les gestes parviennent ou à les conseiller, les moraliser ou
à les perfectionner.

M. Lagier vient dire quelques mots sur l'Institution des
sourds-muets protestants de Saint-Hippolyte du Fort (Gard)
à laquelle il s'honore d'appartenir.

Il déclare que cette école, la première en France qui a
introduit et adopté la méthode orale de J.-R. Péreire ne
proscrit pas rigoureusement les signes.

Il déplore l'insuffisance d'enseignement dans les travaux
manuels, critique les écoles qui n'enseignent pas comme
celle de Saint-Hippolyte l'amour du travail et l'horreur de
la mendicité.

M. Ramager, président des sourds-muets de Bourgogne,
parle de situation des sourds-muets de cette province.

M. De la Roche, président des sourds-muets du centre
de la France, dit qu'on aurait pu créer une maison de retraite dans l'ancienne institution des sourds-muets Forestier, à Lyon.

M. Poupon, de Paris, dit que la chose aurait été facile si
M. Forestier avait stipulé dans son testament que son école
serait consacrée à une œuvre à faire en faveur des sourds-
muets. En laissant libre M. l'abbé Lemann, son exécuteur
testamentaire, de l'affecter à n'importe quelle œuvre, il a
perdu de vue nos intérêts, car jamais l'abbé Lemann ne
voudra rendre l'établissement de Lyon-Vaisse aux sourds-
muets.

M. Gaillard reconnaît l'exactitude des observations de
M. Poupon.

M. Gaillard transmet à M. Salzgeber la rédaction des différentes résolutions adoptées par le congrès. L'ensemble de
ces résolutions est adopté à l'unanimité.

Le voici :

1. Le congrès, considérant que le système combiné d'enseignement par la parole, la lecture sur les lèvres et les
signes, fait faire de plus grands progrès à cet enseigne-

ment, qu'il développe davantage les facultés intellectuelles des sourds-muets ; Emet le vœu : Que la méthode mixte soit préférée à la méthode orale pure.

2. Considérant que l'enseignement du dessin est nécessaire, en égard aux aptitudes naturelles des sourds-muets, pour leur procurer un bon métier lucratif et les mettant au niveau des ouvriers d'art, le Congrès est d'avis que le dessin industriel, doit être enseigné dans les écoles de sourds-muets, et par le moyen des signes qui éclairent davantage les explications du professeur.

3. Considérant que les professeurs sourds-muets s'entendent souvent mieux que les professeurs entendants dans l'enseignement des jeunes sourds-muets, le Congrès émet le vœu que les professeurs sourds-muets soient réintégrés dans les écoles d'où la méthode orale pure les a exclus, qu'ils soient employés aussi bien dans l'enseignement scolaire que dans l'enseignement manuel.

4. Afin de faire exécuter les résolutions du Congrès dans chacun des pays qui y ont envoyé des représentants, et afin d'organiser les prochains congrès internationaux, le Congrès décide qu'il y a lieu de constituer une commission internationale de sourds-muets ainsi composée :

1. Pour la Suisse ; MM. Salzgeber (Genève), Ricca (id.), Fontennalaz (Berne), Schafer (Bâle), de Buren (Genève), Secrétan (Lausanne). — 2. Pour la France : MM. Genis (Paris), Dusuzeau (id.), Gaillard (id.), E. Née, (id.) E. Mercier, (Reims), Lagier,) Nîmes). — 3. Pour l'Italie : MM. Micheloni, (Rome), Guerra, (Naples), Dancetti, (Milan), Viccari, (Bologne), Orengo, (Gênes) Giaccardi, (Turin), — 4. Pour l'Allemagne : MM. Krieger, (Stuttgard), Watzulik, (Altenburg), Rump, (Berlin), Brehler, (Francfort), Buchheim, (Leipzig), Kleisslauter (Nuremberg).

Cette commission se chargera de faire parvenir aux ambassadeurs à Berne des nations représentées au Congrès les résolutions adoptées.

5. Le congrès décide qu'il y a lieu de créer dans chaque pays un collège national de sourds-muets où seront envoyés

les meilleurs élèves des écoles ordinaires qui seront préparés aux études supérieures leur ouvrant la porte des
carrières libérales.

6. Le congrès décide que les écoles devront pour combattre le développement des sourds-muets colporteurs,
donner un enseignement professionnel mieux organisé
avec des métiers rapportant mieux que ceux que l'on enseigne actuellement.

7. Considérant que par l'intermédiaire du langage des
signes on parvient beaucoup mieux à moraliser les sourds-
muets et à leur faire comprendre les vérités de la religion
que par le secours de la parole, le congrès est d'avis qu'il
faut absolument se servir des signes pour diriger l'éducation morale des sourds-muets.

8. Le congrès décide qu'il y a lieu de créer un mouvement afin d'arriver à l'établissement de maisons de retraite
pour les sourds-muets âgés et infirmes, ce qui les arrachera
à l'isolement et à l'ennui qui hâte leur fin dans les hospices
d'entendants.

9. Le congrès est d'avis que malgré l'établissement de la
méthode orale, il y a possibilité de procurer du travail aux
sourds-muets en leur réservant dans les écoles les places
de surveillants et de domestiques.

10. Vu l'utilité incontestable de la géométrie élémentaire
et de la géométrie descriptive pour les sourds-muets, le
congrès émet le vœu que ces sciences soient enseignées
dans toutes les écoles de sourds-muets, sans exception, et
que des cours mutuels soient établis dans les principales
villes et dirigés par des professeurs sourds-muets ou par
des professeurs parlants connaissant l'alphabet des
sourds-muets.

11. Considérant que le rattachement des écoles de sourds-
muets françaises au ministère de l'Intérieur fait le plus
grand tort au progrès de leur enseignement spécial, aux
choix et à l'amélioration du personnel, qu'il est en contradiction avec le principe de l'enseignement gratuit et
obligatoire, le congrès émet le vœu que les écoles françaises

de sourds-muets soient rattachées au ministère de l'Instruction publique.

M. Micheloni vient proposer que le prochain congrès international ait lieu à Turin à l'occasion de l'exposition qui se tiendra dans cette ville en 1898.

M. Gaillard demande que le prochain congrès se tienne à Londres en 1897. Son organisation a été décidé par les sociétés anglaises. Cette proposition est adoptée.

Les sourds-muets Allemands font observer qu'en 1898 ils tiendront un congrès national à Berlin. Si le Congrès International de Turin a lieu à une date autre que le leur, ils y participeront.

M. Micheloni promet de tenir compte des dates et sur le désir de plusieurs membres dit que le congrès de 1898 aura lieu à Rome.

Par l'intermédiaire de M. Krieger, de Stuttgardt, les sourds-muets allemands viennent déclarer qu'ils se rendront en foule au congrès de Paris en 1900. (*Applaudissements*).

M. Genis, président d'honneur du congrès, mime une allocution de clôture. M. Salzgeber en fait autant et remercie tous ceux qui ont contribué au succès des travaux du congrès particulièrement le comité parisien d'organisation et son secrétaire, M. H. Gaillard.

M. Micheloni félicite les sourds-muets suisses de l'initiative qu'ils ont prise.

M. Salzgeber dit que la conférence annoncée pour le lendemain n'aura pas lieu et déclare le Troisième Congrès International des Sourds-Muets de Genève clos.

Il est 6 heures.

COMPOSITION DU CONGRÈS

Le nombre de congressistes assez restreint dès les premiers jours devient considérable vers la fin. Mais il est très regrettable qu'il n'y eut pas de séance le samedi, car ce jour-là, le matin une délégation de dix-sept sourds-muets de Lyon arrive à Genève. Elle est furieuse de ce qu'on ait changé le programme. Mais aussi pourquoi n'a-t-elle pas prévenu les organisateurs qu'elle envoyait des orateurs. Et c'étaient des sourds-muets vraiment intelligents, apportant des idées neuves, imprévues, hardies, pourtant un peu pessimistes. Fournier, Simonetti, Vanton, auraient donné une nouvelle animation au Congrès.

La délégation des Sourds-Muets de Grenoble était arrivée le dimanche matin 23 août.

Il ne nous est guère possible de fixer le nombre exact des congressistes, un contrôle sérieux n'ayant pas été organisé à la porte. On peut les évaluer à près de 180 pour le dernier jour. Le premier jour, ou en comptait à peine 50. Parmi eux beaucoup d'entendants. Nous en dressons la liste approximative.

SUISSE

Genève.

Jules Salzgeber, Jacques Ricca, Albert de Buren, Hugo Kahn, Burillon, Jacques Bloch, J. Bühler, Léon Roy, Edouard Roy, Andergon, swaszkiewicz, J. Bosson, Morganti, Piasco, Bornand, Dessonnaz, Duperrut, Burdet, Gustave de Géer.

Mme Dessonnaz.

Mlles Suzanne Rochat, Clara Kahn, Jeanne de Buren, Henriette de Buren, Brifford.

Lausanne.

Gustave Secretan, P. Hentsch, Wullianoz, Valloton

Vevey.

Burky, Décosterd.

Neuchatel.

L. Etienne.

Bâle.

Emile Schafer.

Berne, Saint-Gall, Thoune, Soleure, Arau.

Fontanellaz, Ryff, Haldimann, E. Hurni, G. Maurer. B⸱ Sigrist, G. Kasch, Seeberger, Wüsbrich, Misichler, Jean Roth, Hugelskofer, Briggen, Cyprian, Bucler, Otto, Baumann, Jean Meyer, Deppler, Borgnon, Ch. Werder, F. Huber. Schnabeli, Gottlieb, Baeslocher, G Stebler, Fschabald, Basler, Wicler, Daruz, Bachten, Bedert, Raisi Weber.

Mᵐᵉ Fontanellaz.

FRANCE

Paris.

H. Genis, Dusuzeau, H. Gaillard, Eug. Née. Desperriers Plessis, Poupon, Zévort de Palma, Agnus, Hiernard.

Mᵐᵉˢ Gérente, Genis, Dusuzeau, Desperriers.

Mˡˡᵉ Lemaresquier.

Reims.

Emile Mercier, Jules Pron, Paul George.

Dijon

Boquin, Ramager, Larue. Charton.

Mᵐᵉ Boquin.

Lyon.

Simonetti, Fournier, Vanton, Chambre, Glénard, Bissat, Bajat, Bund, Villefranche, Defaysse, Pinolat.

Mᵐᵉˢ Bissat, Vanton, Bund.

Gex.

Fléchin, A. Burdin, Faure, E. Burdin.

Moulins.

Paul de Laroche, Develay, Montillié.

Grenoble.

Blanc, Turcan, Maria, Grand, Bermoud, Dutruc, Combe, Repellin, David, Ravel.

Chambéry.

Gavillet, J. Burdin.

Brest.

A. Fournier, G. Geffroy.

Besançon.

Dupont.

Nîmes.

Lagier, Miaulet.

Vendôme.

Hamar.

ALLEMAGNE

Stuttgart.

Ch. Krieger.

Berlin.

De Danneberg, Steinthal.

Hanovre.

Lampe.

Bade.

Ch. Bange.

Essen.

Hermann Hirschland.

ITALIE

Rome.

Francesco Micheloni.

Naples.

Francesco Guerra.

Milan.

Cesare Giorgetti, Francesco Zamboni. J. Aufiéro.

SUÈDE

Stokholm.

E. Klofverskjold.
Mlle Klofverskjold.

AUTRICHE

Vienne.

Max Rudolf.

Voici la liste des entendants-parlants qui ont bien voulu assister aux travaux du Congrès.

MM. l'abbé Jaggy, de Gruyère ; Dejoux directeur des sourds-muets des Charmilles-Genève. J. Kahn ; Bécherat Gaillard, Girard, René Dusuzeau. de Paris ; Max Veltiner du *Journal de Genève* ; Emile Trachsel, de la *Tribune de Genève.*

Mmes Lemaresquier, de Paris ; Kahn, J. Ricca, Rochat ; Veuve Chomel, de Genève ; Braquehais, de Paris ; Sœurs Quintine, de Gruyère ; Bernalda, de Géronde.

Mlles Octavie Mournaud ; institutrice à Paris ; Bella Kahn, Salzgeber, M. Bosson, de Genève.

LE BANQUET

Il était nécessaire et juste que ce remarquable congrès fut terminé et couronné par un banquet. C'est ce que surent très bien comprendre les organisateurs genevois MM. Salzgeber, Ricca, de Buren, Secretan et Louis Etienne. Le vaste restaurant Handverk, situé avenue du Mail, à proximité de l'Exposition fut l'endroit choisi, et bien choisi.

Au fond, devant une scène de théâtre, se dressait la grande table d'honneur, d'où partaient trois longues tables perpendiculaires et parallèles.

En attendant l'heure du repas beaucoup de participants se pressent au rez-de-chaussée dans la brasserie. Enfin vers sept heures la salle du banquet s'emplit rapidement. Nous remarquons des jeunes sourdes-muettes ravissantes, en toilettes charmantes, accompagnées de leurs parents, Mlles Clara Kahn, Jeanne et Henriette de Buren, Suzanne Rochat, Ida Klofverskjold, d'autres encore. Et beaucoup de dames, sourdes-muettes et entendantes, mettant dans la masse des messieurs la teinte vive et joyeuse de leur grâce rieuse et de leur mise séduisante.

Et des demoiselles entendantes jolies et distinguées, comme Mlle Salzgeber, etc.

A la table d'honneur prennent place M. Salzgeber, président, ayant à sa droite, M. Bechérat-Gaillard, secrétaire général de l'Exposition, qui manie les signes de façon très habile, Mme Genis, M. Francesco Guerra, M. Henri Gaillard, Mlle Clara Kahn, M. Ramager, etc ; à sa gauche, M. H. Genis, président d'honneur, Mme Gérente, M. Steinthal, Mme Fontannelaz, M. Dusuzeau, M. E. Mercier; Mme Dusuzeau. En face de lui entre les tables se trouvent à droite, M. Emile Traschel, de la *Tribune de Genève*, M. Kahn père, Mme Lemaresquier, etc; à gauche. M. Eug. Née, M. Paul Hentsch, Mlle H. de Buren, M. Micheloni, etc.

Il y a bien 150 convives.

Le spectacle le plus curieux est donné par les sourds-muets de la Suisse allemande qui conversent par la parole et les signes mêlés. Il faut avouer que cela est peu facile à comprendre et peu agréable à voir. Combien plus distingués les gestes des sourds-muets français et italiens, vifs, clairs et pas enlaidis de grimaces, mais embellis d'expressions de physionomie appuyant chaque idée mimée.

Dans toute cette foule, à part les entendants, il y a à peine quatre ou cinq sourds-muets qui ne comprennent pas les signes. Citons surtout notre vaillant collaborateur Victor Lagier et M. Paul Hentsch. M. Paul Hentsch, jeune homme de grande famille financière qui s'imposa tout pour le faire réussir, fut élève d'un modeste professeur suisse, M. Metzer, je crois. Maintenant, il suit les cours de l'université de Lausanne. Pourvu des deux baccalauréats, il est sur le point de concourir pour le diplôme d'ingénieur. Il parle correctement et lit sans difficulté sur les lèvres de ses interlocuteurs et de ses professeurs.

Enfin vient le moment des discours : c'est un long défilé d'orateurs, long, trop long, qu'on aurait pu nous épargner après les séances du Congrès.

M. Salzgeber, président, mime d'abord une harangue de bienvenue et de remerciements. Il s'applaudit de voir son ancien camarade d'école M. Genis, président d'honneur, et lui décerne force éloges.

M. Genis rend la pareille à M. Salzgeber, félicite les congressistes et souhaite que le congrès porte des fruits.

Mais voici M. Dusuzeau à la tribune, tous les yeux sont braqués sur lui. De ses gestes larges et amples, aidés de ses mouvements de corps de si belle harmonie, il expose que tous les congressistes sont comme autant de Guillaume Tell abattant sur la tête du langage des signes la pomme néfaste de la méthode orale pure. Et aussitôt les bravos de retentir furieusement. Elevant la coupe de champagne M. Dusuzeau boit à la ville de Genève et aux Sourds-Muets Suisses.

M. Née vient remercier les journaux de Genève et Lausanne du concours qu'ils nous ont prêté.

M. Gaillard tient à insister sur l'importance du service rendu par le *premier Genève* du *Journal de Genève* et propose que nous le remercions d'acclamations. Puis faisant

allusion au nombre des convives. Il dit que beaucoup
d'autres sourds-muets sont privés de se joindre à nous,
parce qu'ils n'ont pas les moyens de payer leur place au
banquet ; et s'ils n'ont pas ces moyens c'est ou qu'ils sont
mal payés ou sans place ; et s'ils sont dans aussi triste situation, c'est parce que leurs patrons ne savent leur parler
et parce que leurs camarades, dans pareille impossibilité,
ne peuvent leur expliquer comment il faut se perfectionner.
Si le public connaissait l'alphabet manuel des sourds-muets,
on arriverait à faire cesser progressivement cet état de
choses. Il est du devoir des sourds-muets heureux d'aider
à la propagande de l'alphabet en souscrivant à la souscri-
ption organisée par le Comité de Paris.

M. Pron vient mimer de façon éclatante cette allocution :

Mesdames, Messieurs,

Vous voilà en Suisse, au cœur de l'Europe.... Dans un
pays beau et heureux que depuis bien longtemps les maux
de la Guerre n'ont pas troublé... Ah ! la superbe République helvétique, modèle des républiques... Elle étale
devant vos yeux admirateurs toutes les beautés de la nature qu'elle renferme !

Vous, bon nombre d'entre vous arrivés de diverses nations, vous venez de contempler le splendide panorama qui
se déroule à vos pieds ; vous avez découvert au fond *vos
chers frères et sœurs d'infortune suisses* et vous leur avez envoyé des saluts amicaux. Bravo !.... En arrière, la langue,
la religion et la frontière, trois causes qui à tout temps ont
semé la discorde et la guerre dans la masse des peuples...
Eh bien, vous, gens de nationalités différentes, vous êtes
tous les mêmes en chair et en os et surtout en infirmité.
Une poignée de main fraternelle et réciproque nous unit
enfin, et au dessus de vous, l'image du grand abbé de l'Epée
qui voit votre reconnaissance envers lui, et son célèbre alphabet A B C qui restera à jamais immortel dans les siècles
futurs ! ! !

M. Turcan, de Grenoble, regrette qu'on ait offert tout-à-l'heure à M. Genis au nom des sourds-muets suisses, un bouquet qui aurait dû être remis à M. Salzgeber par M. Blanc, doyen des Sourds-Muets de Grenoble. C'est en effet l'hommage fraternel des sourds-muets grenoblois absents * aux organisateurs zélés et dévoués Salzgeber, Ricca et de Buren.

M. Mercier au nom des Sourds-Muets de la Champagne boit aux sourds-muets suisses. M. Max Rudoff, de Vienne a le tort d'être long. M. Klofverskjold apporte le salut des sourds-muets suédois, MM. Micheloni et Guerra se font applaudir à outrance. M. Fournier, de Lyon, regrette que les lyonnais n'aient pas participé aux travaux du Congrès. MM. Steinthal et Krieger saluent les congressistes au nom des Allemands. M. Vanton, de Lyon, en gestes très éloquents dit la fraternité des villes de Lyon et de Genève reliées entre elles par le majestueux Rhône, et l'amitié indissoluble des lyonnais et des genevois. MM. Hamar et Desperriers prennent également la parole, ce dernier pour porter un toast à M. Gaillard.

Enfin, M. Dusuzeau, quand la série est épuisée, s'approche de M. Salzgeber. Il détache son insigne, en arrache le ruban violet, embrasse la médaille de l'abbé de l'Epée, et la tendant à M. Salzgeber, il le prie de l'échanger contre son insigne suisse à la croix d'argent. Ce que voyant M. Genis offre à M. Salzgeber, le titre de membre honoraire de l'*Association amicale des Sourds-Muets de France.*

---

* Voici les noms des souscripteurs : MM. O. Repellin et Ferrailat; M. et Mme Villard; M. et Mme Gontier : et son fils; M. et Mme Dubée; M. et Mme Philibert; Mlles Gontier et Vassy; Mmes Blanc, Turcan, Maria, et M. Combe.

LES TABLEAUX VIVANTS

Après le banquet et que toutes les tables furent enlevées, les convives augmentés du nombre considérable de sourds-muets et d'entendants-parlants venus assister à la soirée se rassemblèrent devant la scène de spectacle. Ceux qui étaient trop éloignés avaient improvisé des sortes de tribunes avec des tables posées les unes sur les autres et c'était très curieux à voir cette assistance de près de cinq cents personnes, les unes causant à haute voix, les autres par gestes. Le nombre des dames et des demoiselles avait augmenté pour la plus grande joie des yeux. Parmi elles nous donnerons une mention spéciale à Mme Kahn et à Mlle Belle Kahn dont l'amabilité prenait tous ceux qui avaient le plaisir de causer avec elles. A noter aussi Mme Morganti et Mlle Morganti. D'autres encore dont nous ignorons les noms.

Enfin le rideau se lève. Et bientôt devant un décor quelconque défilent deux sourds-muets, de maillot blanc habillés, la face poudrée de blanc, la tête couverte d'une perruque de cheveux ras, plâtrés, toute la forme extérieure et parfaite d'une statue. Par mouvements rythmés, scandés de grands coups de marteau derrière le décor par le professeur de poses plastiques, M. Girard, ils marchent, s'accouplent, se jettent par terre, se dressent en attitudes de belle harmonie, et de pure expression esthétique. Et à ces deux sourds-muets s'ajoutent, à chaque tableau terminé, trois, quatre, cinq autres dont l'ensemble fait des groupes vivants de plus en plus magnifiques et intéressants, dont l'impeccabilité de geste, la netteté de mouvement font le plus artistique effet. De la sorte défilent les principaux tableaux de l'histoire nationale helvète, la légende sublime de Guillaume Tell et de son fils, le serment du Grutli. Et à la fin, un feu de bengale illumine la scène dernière, pendant que les applaudissements roulent, demandent une répétition, de nouveau acclamée.

A MM. Salzgeber et Ricca revient l'honneur d'avoir innové ce genre de spectacle — très en faveur chez nos frères des Etats-Unis — dans le monde Silencieux Européen. Il paraît que MM. Léon Roy, Edouard, Roy, Borgnand, Morganti, Anderson, Iwaskiewicz qui réussirent si bien à nous donner ces groupes d'humaine statuaire travaillèrent leurs poses pendant trois mois.

Après le banquet eut lieu le tirage d'une tombola. Si l'idée de la tombola était juste et si elle fut couronnée de succès, l'idée du tirage sur la scène en face du public ennuyé et impatienté était malheureuse. Pourquoi n'avoir pas fait ce tirage sans arrêter le moment d'ouvrir le bal, dans un lieu écarté, devant ceux qui n'aiment pas la danse, quitte après à afficher dans la salle de bal les numéros gagnants?

En procédant ainsi on n'aurait pas contrarié de charmantes personnes que l'heure tardive où finit le tirage fit partir avec le regret amer de n'avoir pas esquissé une polka. Disons pourtant que le tirage fut correctement conduit par les organisateurs, MM. Salzgeber, Ricca, de Buren, Secretan et Etienne.

Le bal qui commença à minuit se ressentit de l'absence de ceux et de celles qui n'avaient pas voulu supporter la longueur du tirage de la tombola. Et ceux qui restèrent surent se comporter gracieusement, assez pour prouver que les sourds-muets aimaient la danse, mais il faut avouer que les entendants étaient en majorité. De tous les sourds-muets parisiens, les plus intrépides furent MM. Hamar, Plessis et Zévort de Palma.

Les Sourds-Muets en Suisse

par Jacques RICCA (de Genève)

Ancien Élève de l'École Protestante de Sourds-Muets
de Saint-Hippolyte-du-Fort (Gard)

Permettez-moi, à l'occasion du Congrès de Genève, d'ajouter quelques renseignements complémentaires au mémoire que j'avais écrit pour le congrès de Chicago.

1° Institutions et Enseignement

Depuis quelques années il s'est fondé deux nouvelles écoles de sourds-muets :

1° Celle de Gruyères (Fribourg.)
2° Celle de Géronde (Valais.)

Le nombre des institutions existantes en Suisse est donc porté à quatorze.

A mon avis, je trouve regrettable que la méthode orale pure y soit enseignées, à l'exclusion de la méthode mimique et même de la méthode mixte pratiquée en France et aux Etats-Unis, car l'enseignement de la parole donne ordinairement des résultats peu satisfaisants et plus ou moins transitoires par la suite. Aussi en ma qualité de victime de cette malheureuse méthode orale pure, je ferai la petite comparaison suivante avec un cygne et un canard, qui, dressés journellement à bien marcher sur le terrain, avec défense expresse de se jeter à l'eau profiteraient d'un moment de manque de surveillance, ou de leur mise en liberté pour s'abandonner irrésistiblement à leur prédilection *naturelle* pour l'élement liquide sur lequel ils se meuvent avec beaucoup plus de facilité et d'élégance.

La méthode mimique donne du reste chaque jour ses preuves de supériorité, et il est à remarquer que les sourds-muets Suisses instruits par cette dernière méthode sont en général plus intelligents et instruits que leurs jeunes collègues sortis des écoles orales.

Il faut, cependant, noter une rare exception à l'avantage de la méthode orale pure; mais qui est due aux mérites de l'élève.

Ce dernier est M. Henri Bollier, sourd-muet Zurichois, demeurant depuis longtemps à Turin (Italie) où il exerce la profession de lithographe. Afin de prouver sa reconnaissance pour l'instruction reçue à l'Institution des sourds-muets de Zurich, il lui a fait un don de fr. 5000, (fruit de ses épargnes.) Ce brave élève spirituel et remarquablement instruit lit couramment sur les lèvres, les paroles qui lui sont adressées en allemand, en français et en italien.

2° Colportage

A notre connaissance, il n'y a point de colporteurs suisses vendant des alphabets manuels et par contre, nous sommes fréquemment visités par des colporteurs français, qui, disent-ils, gagnent davantage chez nous où les patentes sont pourtant d'un prix élevé. Exemple : *Lausanne* 180 fr. par mois, *Berne* 50 fr. *Bâle et Zurich* 100 fr. *Fribourg* 170 fr.

3° Industrie

L'horlogerie et la gravure sur or et argent étaient, il y a quelques années, deux industries florissantes, et occupaient la majorité des ouvriers sourds-muets de Genève et du Jura, mais malheureusement ces industries sont tombées et grand nombre d'ouvriers ont été obligés de changer leurs professions contre d'autres, peut-être moins lucratives, mais qui leur assurent un travail régulier. D'autres ouvriers n'ayant pu trouver un travail lucratif ont malheureusement à souffrir des longs chômages.

4° Presse

Les sourds-muets suisses avaient autrefois leur Journal, intitulé *Taubstummen Boten* (Messager des sourds-muets, ce dernier paraissait une fois par mois à Saint-Gall et était rédigé par une suissesse sourde-muette, Mlle Sulzberger Ida, de Horsbach (Lac de Constance). Malheureusement cette feuille qui ne comptait que 3 ou 4 années d'existence, dût disparaître en 1878 par le manque de scrupule du rédacteur qui faillit à son programme en publiant un article offensant à l'adresse de l'un de ses lecteurs qui lui fit perdre un grand nombre d'abonnés.

Je mentionnerai en passant l'existence simultanée d'un journal concurrent portant le titre de *Taubstummen Freund* (Ami des sourds-muets); ce dernier qui paraissait à Bâle dans un format plus grand, n'eût pas plus de chance et tomba au bout de six mois, par manque d'abonnements.

Actuellement les sourds-muets suisses s'abonnent au *Journal des Sourds-Muets* de Paris, aux journaux silencieux de Berlin et Vienne, ou encore aux journaux italiens; tout cela dépend de la résidence de ces derniers qui se trouvent dans les cantons Romands, Allemands ou Italiens.

8° Conclusions

Je voudrai pouvoir m'étendre davantage et surtout compléter ce petit mémoire très écourté, afin de le rendre plus intéressant, mais il me faudrait à l'instar de M. Emile Mercier, le digne et dévoué Président de l'Association Amicale de la Champagne qui a visité l'Europe Silencieuse dans l'intérêt de la science et de la presse, pouvoir voyager dans toute la Suisse et étudier les sourds-muets, leurs sociétés, leurs clubs, leurs réunions etc... en un mot pouvoir examiner la situation existante et les améliorations à apporter au sort d'un grand nombre de nos confrères, mais malheureusement je ne suis pas fortuné et ne puis faire que ce qui est en mon modeste pouvoir.

J'ose espérer qu'au nombre des participants du congrès qui nous réunit aujourd'hui plusieurs sourds-muets des différents points cardinaux de la République Helvétique pourront nous apprendre grand nombre de faits nouveaux en nous faisant connaître des collègues, peut-être de valeur littéraire ou artistique qui, soit par indolence ou manque d'occasion, restent à l'écart et ignorés de nous.

Je crois ne pas trop m'avancer en disant que les sourds-muets suisses ne seraient pas moins hostiles que leurs confrères français à la méthode orale pure qu'ils combattent indirectement et avec velléité, ce qui s'explique facilement par le fait qu'ils sont très disséminés dans leurs montagnes et vallées et soupirent de voir dans leurs écoles le rétablissement de la méthode combinée, qui est ainsi que je le disais plus haut, préférable pour le développement plus immédiat de leurs facultés intellectuelles.

Je termine ainsi ce petit rapport, laissant à des personnes plus autorisées et instruites que moi, le soin de juger sur son contenu.

Les Relations des Sourds-Muets
de Langues Allemande et Française

Par Louis FONTANELLAZ-ROCHAT

Président du « Club Berna », de Berne

J'ai l'honneur de me présenter avec les membres du Club de
Berne et au nom de cette Association, j'apporte et déploie le drapeau fédéral de sourds-muets, qui se reposait pendant bien des
années en souhaitant une bonne et heureuse réussite de ce Congrès.

Je me sens honoré du si gracieux et du si bienveillant accueil
que vous m'avez fait et je suis d'autant plus touché qu'à peine
je suis connu de la plupart d'entre vous.

En me voyant prendre la parole pour la première fois à ce
Congrès où j'ai le plaisir d'assister, mais n'ayant pas pris
l'habitude de mimer plus facilement que je n'aurais espéré et
j'ai le devoir de tracer ces lignes que M. l'honorable président
Salzgeber m'a autorisé sur les relations des sourds-muets de
langue allemande avec ceux de langue française.

Comme il n'y a pas longtemps que s'est constitué une association sous le nom « Club des sourds-muets » Berna, et le président connaît les deux langues depuis la naissance. N'ayant
appris les signes qu'à l'âge de 12 ans dans l'Institution des
sourds-muets sous la direction de M. Hugentobler à Genève;
quand même cet établissement exclut la langue des signes, je
pus apprendre clandestinement avec les élèves en dehors des
classes; de là je pus, après trois mois connaître toutes les choses
en signes et comprendre tout-à-fait. Puis après deux ans dans l'É-
tablissement en question j'étais sorti pour aller habiter dans
ma ville natale et apprendre la profession de relieur et pendant deux années je n'ai pas pu me trouver en relation avec les
sourds-muets; parce que mon père me le défendait sévèrement et

Je passai outre, car je ne voulai pas être retourné dans l'ignorance et c'est pour cela je fréquentai aussi souvent avec les
sourds-muets à Berne qui n'ont jamais existé de société et de
convocations: mais par habitude, nous nous réunissons quelquefois le samedi ou le lundi dans un café pour nous entretenir sur
les sujets divers et cela pour donner une espèce de suite à une
petite association qui s'est constituée en l'année 1895.

Depuis lors nous n'avons pas ou si peu de relations avec les
autres sociétés et qui ne correspondent très rarement. Je déclare
qu'en Suisse on regrette beaucoup de voir exclure les signes
dans les établissements de toute la Suisse. Car j'ai vu plus d'une
fois que des élèves sortants de quelque établissement qui sont
des paysans, vivent à la campagne, ne comprennent pas très
bien des signes que nous faisons, ni même comprendre à la
bouche et étant toujours timides, ne savent pas comment converser avec les autres. Ils sont toujours silencieux quand quelquefois nous leur invitons à assister à la séance et c'est très dé-
solant, de voir nos frères d'infortune dans l'impossibilité de
comprendre des conférences sur tel et tel sujet. C'est pour cela
que le Club a le devoir a pour but, de faire instruire avec les
signes et subvenir aux besoins spirituels et d'instruire autant
que possible tous les élèves sortants de quelque établissement
que ce soit.

La société, à Aarau, connue sous le titre « l'Union » possède
des membres, qui sont sortis du même établissement près Aarau,
où on les instruit avec la méthode orale pure; de même à Bâle, constitué il y a près six mois; et par conséquent tous les élèves sortants
ne savent pas faire des signes et converser avec les sourds-muets
par la bouche, quelques-uns ont parlé haute voix et la bouche
grande ouverte et qui ont une voix mauvaise ce qui fera souvent
rire les entendants-parlants, ce qui me fait serrer le cœur en
voyant tous les pauvres infortunés parlant ainsi. Quelques uns
de l'établissement d'Arau, sont logés dans le même, où ils ont
passé leur jeunesse et travaillent en attendant que le Directeur ait
trouvé une place pour eux, Je dois déclarer hautement ici que
le langage mimique joint à la parole, loin de nuire en quoi que
ce soit est de nature à développer plus rapidement et plus sûrement l'intelligence du pauvre sourd-muet. On ne devrait donc jamais chercher à faire disparaître un tel bienfait puisque ce serait plutôt critiquer la nature que l'en remercier. Quand un
sourd-muet à l'esprit bien doué et bien dirigé, il peut profiter
de toutes les branches d'enseignement, soit langue écrite, géographie, histoire et toutes choses, mais à la condition formelle
de les lui expliquer simultanément au moyen de la parole et les
signes. Je l'affirme de toute la force de mon âme, parce que j'en

ai trop senti l'utilité moi-même. L'entendant-parlant, à force
d'entendre parler et expliquer autour de lui, comprend le sens
des mots et des phrases par un concours de circonstances que
le sourd-muet ne peut jamais posséder au début. Ainsi si on ne
lui explique pas ce qu'on lui enseigne par la parole, il appren-
dra comme une machine et ne saura pas à quel moment il est à
propos d'employer telle reflexion pour la simple raison qu'il
n'aura rien compris, rien senti et par conséquent rien retenu.

Maintenant je veux parler de notre association, composé de
12 membres soit 4 membres du comité. De ces membres 7 sont
sortis de l'Institut des sourd-muets à Frienisberz, à 4 lieues de
Berne. (Cet établissement a été transférés en 1890 à München-
buchesse ou il existe encore aujourd'hui distant à 1 1/2 heure
de la ville de Berne à la 2e station de la voie ferrée de Berne-
Bienne; et est dirigé, sous la garde de l'État par un directeur,
4 instituteurs, 1 institrice, plus 3 sous-instituteurs pour les travaux manuels, soit la menuiserie, la tisseranderie, la cordon-
nerie et les tailleurs, tous entendants-parlants instruits. A ce
moment 70 garçons il y a la méthode orale pure Pour les filles it y
a aussi un établissement au sud de la ville de Berne.) — 1 à
Bâle, 1 à Genève, 1 à Zofingue, 1 à Aarau et 1 à Vienne (Autriche.)

De leurs professions 6 sont tailleurs, 2 relieurs, 2 menuisiers
et 2 cordonniers. Ils sont tenus à s'assembler régulièrement tous
les dimanches, sous peine de petites amendes et les après-midis
ils se promènent quelquefois ensemble avec leurs familles suivant le temps. dans les environs de Berne et en cas de mauvais
temps ils se réunissent dans une demeure de l'un des membres
pour jouer aux cartes, pour pouvoir verser leurs pertes dans la
caisse de notre Club, consacrée pour les excursions seulement.
D'autre part plus de 100 sourds-muets venus des villes et de
villages du canton de Berne se ressemblent pour le sermon tous
les années, à la fête de Pâques et les jours de jeune fédéral au
mois de septembre dans une petite chapelle, appartenant à l'a-
sile des domestiques agées dans la ville de Berne, et prêché par
un pauvre sourd-muet. qui fait l'office du pasteur.

Quant aux autres sociétés, je ne sais quelle sont leurs buts et
organisations et je tâcherai de savoir plus tard.

J'émets le vœu que la méthode mixte soit remplacée à l'orale
pure et que les sourds-muets puissent être élèves comme des en
tendants-parlants, instruits et vivent dans l'amitié qu'ils unit
les frères d'infortune.

Un Collège National de Sourds-Muets

PAR VICTOR LAGIER

de Saint-Hippolyte-du-Fort (Gard)

———

L'an dernier, au Congrès de Vals-les-Bains, j'ai eu l'honneur d'émettre publiquement l'idée que je caressais depuis longtemps : la création d'un collège pour les sourds-muets.

A l'appui de ma thèse, j'avais fait valoir la supériorité des sourds-muets américains lesquels possèdent un magnifique Collège à Washington.

Je n'insiste pas, car vous, la connaissez tous cette supériorité intellectuelle. Je ne tiens qu'à vous présenter quelques considérations pour mieux vous faire ressortir la nécessité du Collège à créer tant en France qu'en n'importe quel autre pays de l'ancien continent.

Mais, est-il besoin de la démontrer cette nécessité ? Ne vous sentez-vous pas quelque peu humilié, vous, citoyens de la vieille Europe de vous voir au-dessous de vos frères de la nouvelle Amérique ?

L'an dernier le *Journal des Sourds-Muets* publiait les succès remportés par les élèves du Collège de Washington. Il s'est trouvé onze lauréats pour le grade de bachelier; deux pour le grade de maître ès-arts qui équivaut à peu près à celui, de licencié-ès-arts. Deux pasteurs sourds-muets ont obtenu le degré supérieur de maître ès-arts honoraire qui leur permettra de se présenter pour l'insigne honneur d'obtenir le grade de docteur.

Ce même Journal en publiant les noms des vainqueurs, s'écria mélancoliquement : « Qu'avons-nous à leur opposer en France ? Et la réponse, facile à deviner, a été triste, lamentable, tellement lamentable que je rougis de voir mon pays dans une pareille situation.

Mais, n'y a-t-il donc pas des sourds-muets en France et au tres pays, capables de s'élever aux hauteurs conquises par les américains ?

Dieu, merci il y en a; oui, messieurs, il y en a et il ne nous est pas permis de pleurer plus longtemps sur l'absence d'intellectuels dans notre noble patrie. Il y en a qui pourraient lutter avec éclat, avec avantage contre leurs frères d'outre-atlantique.

Les laisserions-nous plus longtemps dans cette sorte d'esclavage ? Messieurs, ce serait, permettez-moi de le dire, une monstruosité !

Messieurs, ouvrons-leur les portes de la prison, et aidons-les à laisser éclore leur belle intelligence pour qu'elle s'epanouisse largement au soleil de la liberté.

Le meilleur moyen, c'est de leur ouvrir un Collège où l'enseignement supérieur soit largement représenté et qui réponde au besoin de diverses professions libérales et administratives.

Messieurs, vous ne ferez donc aucune difficulté pour voter la résolution suivante que vous pourriez modifier, dans la forme sans en détruire le principe.

« Le Congrès international de Genève, pénétré de cette vérité du philosophe : « L'intelligence du Sourd-Muet laissé à lui-même est une mine enfouie dont on ne soupçonne pas la richesse » émet le vœu qu'un Collège national ou international de langue française soit fondé en France ou en Suisse.

Messieurs, je n'ai pas besoin de vous dire que je pense que vous la voterez avec enthousiasme.

Je voudrais seulement vous prier d'avoir confiance en l'avenir.

Oui Messieurs, ayons confiance en l'avenir car notre modeste ambition pourra bientôt se réaliser. Les perspectives les plus vastes où s'égaraient nos espérances et nos désirs, seront déchirée comme le rideau d'une scène trop étroite et un immense horizon de progrès s'ouvre à nos regards.

Un grand patriote M. Paul Deschanel a promis d'être le défenseur de nos intérêts dans son magnifique discours au lac Saint-Fargeau.

Jamais député français n'a parlé comme celui-là et nous pouvons être certains qu'il ne faillira pas à ses promesses comme l'ont fait tant d'autres, hélas !

Messieurs, osons espérer que l'aurore du 20e siècle ne se levera pas avant que M. Deschanel ne soit proclamé l'un des plus grands bienfaiteurs de l'Humanité !

De l'utilité de professeurs sourds-muets

pour l'enseignement du travail manuel

Par M. René DESPERRIERS

Trésorier de l'Association amicale des Sourds-Muets de France

Monsieur Gaillard, un des organisateurs du Congrès international des sourds-muets à Genève, a bien voulu me confier la tâche d'étudier une chose aussi sérieuse que celle des l'utilité des professeurs sourds-muets pour l'enseignement du travail manuel.

J'aurais bien voulu décliner cet honneur, car je n'ai pas beaucoup d'expérience. Mais en y pensant, je me suis décidé à satisfaire aux vœux des congressites et à vous offrir, Mesdames, Messieurs, ce modeste travail en le recommandant à votre bienveillante indulgence.

Je vais signaler l'utilité des professeurs sourds-muets pour l'enseignement du travail manuel. Employer des professeurs sourds-muets, c'est le moyen le plus efficace pour développer les facultés personnelles et manuelles des sourds-muets.

On a eu beaucoup tort de supprimer les professeurs sourds-muets. En France, je regrette infiniment qu'il n'y ait plus de professeurs sourds-muets qui sont; je l'affirme énergiquement, un bien précieux pour les sourds-muets nouvellement arrivés ou les sourds muets qui n'ont pas été assez instruits par la parole.

Je trouve qu'on n'a eu aucune raison de renvoyer les professeurs sourds-muets des institutions.

J'ai fait quelques tournées dans plusieurs institutions des sourds-muets en France et partout j'ai pu me con-

valncre de cette vérité évidente que lorsqu'ils ont des professeurs sourds-muets les jeunes élèves comprennent
mieux.

Je trouve sincèrement que les sourds-muets instruits
par les professeurs sourds-muets sont plus avancés que
ceux instruits par les professeurs entendants.

Dans divers classes de dessin, des sourds-muets qui aiment beaucoup l'art et le dessin, d'habitude un célèbre
professeur parlant, décoré vient corriger le dessin fait par
eux, il leur explique par écrit ou même par la parole ou
des phrases bien difficiles et incompréhensibles et les
élèves arrivent à ne rien savoir. Si un professeur sourd-
muet leur expliquait nettement et clairement par signes,
ses élèves auront vitement et facilement compris les choses les plus difficiles.

J'ai à citer beaucoup de sourds-muets célèbres MM. Berthier, Chambellan, Dusuzeau, Félix Martin, Théobald
Choppin, de Tessières, Capon, Cochefer, etc. tous décorés,
tous instruits par l'ancienne méthode. Je suis surpris que
les sourds-muets élevés par la nouvelle méthode ne nous
montrent par un des leurs décorés

Voyez, un sourd-muet, âgé de 18 ans, sorti récemment
de l'Institution Nationale des sourds-muets de Paris, vient
de commettre un crime épouvantable et scandaleux dans
l'Eure, croyez-vous que ce fait serait arrivé si on l'a-
vait moralisé par le langage des signes.

Il faut que nous fassions savoir au ministère de l'instruction publique que la rentrée des professeurs sourds-
muets dans les diverses écoles des sourds muets sera un
grand profit pour ces écoles; Il faut que nous facilitions
aux sourds-muets capables l'accession des emplois sur-
balternes dans l'administration.

Les ouvriers sourds-muets

Par Fernand AYMARD

d'Allemand-du-Dropt (Lot-et-Garonne)

Jamais gouvernement républicain ne montra plus souci de tous les intérêts. Outre l'œuvre scolaire dont elle peut se faire gloire et l'extension prodigieuse de nos moyens de communication, la France républicaine a fait, pour le bien de tous, des lois nouvelles, et elle doit en faire encore d'autres plus équitables et plus utiles qu'il serait difficile, tant elles sont nombreuses, d'analyser ou même d'énumérer.

Pour les ouvriers des champs, pour les agriculteurs, il suffira de citer les lois de protection sur les céréales, les bestiaux, les mesures prises pour les vins, les encouragements de toute nature prodigués, l'enseignement agricole répandu, les écoles d'agriculture, les champs d'expériences multipliés, le code rural presque achevé, etc.

Pour les ouvriers des villes, il convient de rappeler : les syndicats professionnels, la réorganisation démocratique des conseils de prud'hommes, le livret devenu facultatif, la Caisse nationale de retraites pour la vieillesse, la loi contre les accidents, les écoles techniques ou manuelles d'apprentissage.

Du quel côté, l'intérêt nous pousse-t-il aussi vers le progrès de l'humanité ? Pour nous sourds-muets, devons-nous, pour être dans notre rôle, rester les spectateurs impassibles de l'évolution du Socialisme universel qui s'accomplira par rapport à tous les travailleurs ? Nous n'avons rien à faire qu'à être de bons et de braves citoyens, et la transformation que nous désirons tous se fera toute seule sans le moyen de recourir à la violence.

C'est une question de temps. Rien ne pourra l'empêcher, car rien n'est plus fort que l'impassibilité et la volonté du peuple. Il nous est donc permis de ne pas nier l'urgence des réformes sociales. Elles envahissent les esprits politiques les plus distraits et défraient la sollicitude des gouvernements; car le souffle nouveau entraîne les peuples et le sentiment d'émancipation les anime.

Tout le monde convient que l'ancien concordat entre le travail et le capital ne saurait subsister, qu'il faut que ce concordat subisse une transformation radicale. Il n'est pas jusqu'à la Papauté qui ne reconnaisse, ne proclame la légitimité de cette transformation.

Or, l'amélioration du sort des travailleurs porte d'abord sur deux points difficiles à résoudre : la diminution des heures de travail, l'augmentation du salaire. Ces deux points opposés sont contraires aux intérêts des patrons. En effet, ils nuisent à leurs capitaux et par suite ils atteignent ceux qui ont fourni l'argent qui procure le travail, c'est-à-dire la subsistance des prolétaires.

Mais, dira-t-on, ces capitalistes, ce sont des exploiteurs, ce sont des bourgeois ennemis des ouvriers, ce sont les affamés du gain qui vivent de la sueur du pauvre. C'est malheureusement peut-être un peu trop vrai parfois. Voilà que la situation fâcheuse de l'ouvrier provient de cette contradiction, le patron étant intéressé à faire travailler beaucoup et à payer peu, l'ouvrier, au contraire, à travailler le moins possible et à être payé le plus possible. Pourtant il n'est pas possible de remédier au mal, à plus forte raison, de le guérir entièrement d'un seul coup ; la société telle qu'elle existe ne saurait être renversée et rétablie sur des bases ni plus meilleures ni plus solides du jour au lendemain.

Pourquoi définir le socialisme ? Son premier mobile, l'antagonisme du pauvre et du riche est éternel comme on dit. L'antiquité a eu ses guerres d'esclaves, le moyen âge ses Jacqueries, les temps modernes leurs révolutions.

On nous apprend qu'autrefois, la constitution familiale de l'ancienne industrie, où tout se faisait à bras dans des ateliers exigus et dispersés, où l'ouvrier était maître des instruments et du produit de son travail, a duré aussi longtemps que possible ; mais cette question du socialisme ne pouvait naître. Il en est autrement pour la grande industrie d'aujourd'hui avec ses moteurs mécaniques ses capitaux prodigieux, qui accumule les ouvriers par centaines de mille dans ses vastes manufactures et qui les soumet à la loi d'un travail acharné et prolongé. Exposés, par le fameux machinisme et la surproduction des ouvrages travaillés, à des crises périodiques, les ouvriers ont puisé dans leur nombre le sentiment de leur force, et ce nombre devenu l'armée des prolétaires a engagé la lutte du travail et du capital.

Dans ce fatal conflit, la classe laborieuse n'invoque pas seulement la force, mais aussi la justice. L'ouvrier voit bien clairement et bien nettement que les inventions du XIXe siècle procurent de gros revenus, des gains considérables, même incroyables. Effectivement jamais période civilisée n'a été comparable pour la production de la richesse ; jamais classe ne s'est si rapidement, si subitement enrichie que la bourgeoisie contemporaine, cette classe des exploiteurs. Nous n'ignorons pas que les ouvriers, ces principaux collaborateurs de l'industrie qui contribuent à créer la richesse patronale ne reçoivent pas la part qui leur est due dans les bénéfices conférés aux capitalistes par ces nombreuses inventions.

Ainsi les socialistes accusent l'industrie et les machines toujours perfectionnées d'avoir fait renaître l'esclavage, sous la forme du salariat. Et de leur croyance jointe à l'instabilité de leur vie précaire, jaillit la principale cause du mécontentement des masses ouvrières et de leur agitation.

A ceux qui peinent, ceux qui souffrent, notre devoir est de leur dire que la violence par effusion de sang est la plus détestable des moyens d'assurer le progrès. Nul ne peut ignorer que le peuple n'est irrésistible qu'il parle au nom du droit, de la raison et de la justice.

Aux capitalistes de comprendre qu'ils doivent s'assurer contre des révolutions et que les revendications sociales sont pour eux un sérieux danger ; mais on ne peut arriver à résoudre la question sociale qu'avec l'accord du peuple et des capitalistes : c'est que, parmi divers problèmes économiques du XIXe siècle pouvant donner une solution pratique digne du plus haut intérêt, le principal remède qu'on doit chercher à employer partout où on le peut, est le système de la participation industrielle par lequel l'ouvrier devenu l'associé du capitaliste ou actionnaire ne reçoit pas seulement un salaire fixe mais aussi une prime proportionnée au résultat bénéficiaire et visible de son travail. Par là, il est intéressé à la prospérité de la maison sociale aussi bien que le patron qui la dirige et qui commande l'ouvrier. Cela n'est pas tout.

Voilà qu'il y a toujours des riches et des pauvres, des patrons et des ouvriers : c'est la loi de la nature. Mais ce qu'il est légitime d'espérer, ce qui est juste et possible, c'est l'amélioration constante du sort des pauvres et des ouvriers, et, comme prône la science qu'on appelle l'économie politique, l'amélioration des relations du capital et du travail.

Sous ce rapport il n'y a, à cette lutte d'intérêts d'autre remède encore plus sûr que l'association de travail et de production dite association ouvrière.

Que les ouvriers même sourds-muets qui ont quelques épargnes les mettent en commun pour fonder une industrie, qu'ils coopèrent, qu'ils s'associent pour produire et pour vendre leurs produits, rien de mieux : Alors le salaire sera supprimé, la crise sociale ainsi résolue.

Après tout la condition de l'ouvrier d'aujourd'hui est trop intéressante : passer toute la vie dans le travail le plus opiniâtre, n'être pas plus avancé le lendemain que la veille, côtoyer sans cesse la misère, l'affreuse misère, pour soi et souvent pour sa femme et ses enfants ; et, à côté d'eux voir s'enrichir ceux pour le compte desquels on travaille, se dire que dans vingt ou trente ans, lorsque les infirmités et l'aggravement de l'âge seront arrivés, on se trouvera au même point qu'au début, sinon plus en retard, et on aura souffert toute une vie pour ramasser péniblement de quoi payer, chaque jour, quelques livres de pain. Cette condition, qui est celle de tant de milliers d'ouvriers, est bien une servitude qui ne laisse plus insensibles les esprits pratiques que préoccupent l'avenir, la paix de la société.

Effectivement il est un point, ce nous semble, sur lequel il serait bon de méditer un peu, car il nous paraît être un commencement ou plutôt un pas, et même un grand pas de fait vers la réforme sociale souhaitée par tous : l'avenir de l'homme, au point de vue de la vieillesse, de la maladie, du chômage et des incapacités qui peuvent le frapper, voilà quelles doivent être nos préoccupations de l'heure actuelle.

Parmi ces hommes de travail, les sourds-muets forment un groupe intéressant à tous égards, ces laborieux, utiles coopérateurs de l'industrie, de l'agriculture et du commerce, mènent aussi une vie fatigante et sont trop souvent tentés de céder à une lassitude voisine du découragement.

Puisque les temps sont difficiles, il nous importe de stimuler les courages. Quelques esprits pratiques ont pensé que le moment est bien favorable pour offrir aux sourds-muets un mode d'assistance rendu nécessaire par la crise dont tous nous souffrons, comme les sociétés d'appui fraternel et les sociétés de secours mutuels.

Il s'agit de faire en sorte de permettre aux ouvriers silencieux de trouver dans toutes les villes qu'ils traverseront des personnes amies et dévouées qui s'occupent de l'intérêt des sourds-muets, capables de leur fournir sur la moralité et la solvabilité des maisons et des fabriques avec lesquelles ils auront à traiter les renseignements ou ouvrages dont ils ont besoin.

Il importe beaucoup de faciliter aux sourds-muets étrangers l'entrée des cercles ou réunions des sourds-muets, afin qu'ils puissent y trouver, le soir ou pendant la journée du dimanche, des distractions honnêtes.

Il est fort à souhaiter que d'honorables sourds-muets adultes de villes, préoccupés de la situation de leurs frères en mutisme aient constitué un comité pouvant devenir, par leur collaboration même, un annexe de l'office du travail, des syndicats ouvriers et des bourses de travail. Ce comité sera chargé d'étudier les moyens pratiques permettant :

1° D'aider les ouvriers silencieux en toutes circonstances;

2° De les mettre à même d'étudier entre eux les questions qui intéressent leur profession, d'établir le plus tôt possible une sorte de société de solidarité, telles institutions de prévoyance contre le chômage et les accidents et de savoir professionnel qu'il conviendrait, et de soutenir efficacement leurs légitimes revendications : de les rapprocher surtout des patrons honorables et bienveillants.

Je m'empresse, conformément aux désirs que j'ai exprimés dans mon mémoire sur les écoles professionnelles pour les sourds-muets, de vous faire part de quelques vues qui me sont toutes personnelles, au sujet des jeunes ouvriers pour lesquelles la lutte pour l'existence est ardente et difficile en notre temps du machinisme. Il importe beaucoup d'y préparer convenablement ces sourds-muets, si nous voulons leur épargner d'amères déceptions.

Nous n'avons plus le droit de nous attarder dans les vieilleries du passé, et de perdre un temps précieux dans des détails insignifiants, ou pour des choses sans portée; prenons garde surtout de faire des ouvriers inférieurs ou déclassés, qui, tôt ou tard, tomberont dans la misère et s'en iront peupler les hôpitaux ou les asiles des malheureux, parce qu'il s'agit de réfléchir sur le passage de l'adolescence à l'âge de l'homme qui présente souvent pour les jeunes sourds-muets les plus graves dangers.

Soyons pratiques avant tout, et, si nous voulons mériter le beau titre d'éducateurs, donnons à nos jeunes ouvriers silencieux autant dans les écoles spéciales qu'à leur entrée dans le monde industriel de bonnes habitudes pour qu'ils se conduisent bien à l'égard de leurs semblables et de leurs patrons; mettons-les à même d'exercer une profession avec intelligence, afin qu'ils en tirent le meilleur parti possible et puissent, plus tard, gagner le pain de la famille; apprenons-leur encore à défendre au besoin leurs droits et à remplir toujours leurs devoirs : en un mot, travaillons énergiquement et sans relâche à préparer dans les jeunes d'aujourd'hui les hommes de demain, des hommes de cœur et de bon sens qui soient de leur temps et de leur pays.

Tel est, pour nous, le véritable but de conduire les jeunes ouvriers sourds-muets, et voilà pourquoi nous voudrions voir l'enseignement technique et agricole occuper une plus grande place dans nos écoles spéciales.

Certes, le plus noble comme le plus utile des emplois est celui du travail. Dans ce riche et beau pays de France, qu'y a-t-il de plus précieux que le travail pour obtenir de superbes résultats ? En conséquence, dans nos villes et nos villages, tous nos efforts doivent tendre à conserver à la France des ouvriers supérieurs et fameux et à son sol des cultivateurs braves et éclairés.

Il est clair que pour obtenir un semblable résultat, nous devons accorder à l'industrie et à l'agriculture la place qu'elles méritent dans nos programmes d'études et dans notre emploi de temps. C'est d'ailleurs à elles que tout notre enseignement pratique et scientifique doit s'appliquer. Et, comme les matières les plus utiles sont souvent négligées si elles ne reçoivent la sanction des examens, nous demandons que tout candidat au diplôme de capacité soit obligé de faire, à son choix, une composition de dessin, ou une composition technique d'une profession. De la sorte, les jeunes ouvriers et les futurs artisans seraient traités de la même façon que les futurs cultivateurs, et ce serait juste. D'ailleurs, est-ce qu'on n'impose pas aux sourdes-muettes une épreuve de tricot et de couture.

— 46 —

En attendant que notre vœu se réalise, tâchons de faire un peu de propagande en faveur d'une si bonne et si importante cause. Il faut reconnaître que, de tous côtés, de sérieux efforts sont tentés dans ce sens. Hommes et études répandent partout la bonne parole; par exemple, plusieurs professeurs ont préconisé la formation des comités de patronage pour le placement des sourds-muets dans les ateliers industriels, rien de mieux.

Mais il s'agit des cours d'adultes qui avaient été primitivement conçus et qui ne répondent aujourd'hui pas absolument aux fins que l'on se propose. Remarquons qu'il s'agit bien moins du développement de l'enseignement purement scientifique que de l'enseignement moral, non seulement par le précepte, mais *par l'exemple*; car la jeunesse de notre pays ne sait pas assez les douloureuses épreuves par où ont passé ses frères aînés, ces anciens qui ont bien souffert et conquis les libertés françaises. Cette jeunesse d'aujourd'hui ignore quels périls peuvent les menacer. Il faut lui apporter la lumière et en même temps qu'on lui inspirera la prudence, on lui fera sentir aussi qu'elle doit à ceux qui préparèrent le lit où elle dort confiante, le toit où elle s'abrite, quelque reconnaissance.

Mais comme chacun le sait, ce n'est pas du gouvernement qu'il convient d'attendre un tel office, mais bien des sentiments de chacun de nos directeurs des écoles sourdes-muettes.

Ce n'est pas dans les livres d'autrui qu'ils étudient les questions relatives à la condition et au bien-être des ouvriers silencieux et en cherchent la solution. Estimons avec raison qu'il faut beaucoup vivre avec les anciens élèves de nos institutions devenus ouvriers pour connaître exactement leurs besoins ou pour aller s'enquérir, auprès d'eux-mêmes, des conditions de leur vie, de leur salaire, des rapports entre eux et leurs patrons.

Dans ce but, nos directeurs et nos professeurs pourront s'occuper de la formation de société de patronage de la jeunesse silencieuse et pourront être secondés par un conseil des ouvriers les plus expérimentés et les plus forts qui, de leur côté, travailleront de toute leur ardente affection pour leurs frères en mutisme à enrayer un tel mal actuel, à le guérir. Leur principal moyen d'action est de créer un milieu ou, par les bons exemples, l'habitude de raisonner sans passion, on parvienne à amener nous mêmes à examiner et à étudier, sans déclamations vaines ou sans excitations malfaisantes les problèmes et matériels et moraux de la vie moderne.

C'est le principe de la liberté, c'est sa grandeur, qu'elle sache se sauvegarder elle-même.

C'est de la libre initiative des directeurs de nos écoles et des sourds-muets eux-mêmes qu'il faut attendre cette œuvre de salut.

La Colonie Industrielle

Par Camille HOLYECK

(Alsace-Lorraine)

———

Tendance à l'amélioration du sort de mes frères et sœurs d'infortune, et par conséquent, à leur bonheur moral et physique et matériel ; utilité du maintien de leurs devoirs sociaux et religieux et à l'assurance de leur dignité d'hommes ; avantage et développements d'intelligence pour leur avancement social, et tout cela pour contribuer à la force active de la vie commune et assurée. Et le caractère principal de cette œuvre serait de faire ressortir nos capacités pratiques et morales. Y aurait-il nécessité et utilité à créer une colonie industrielle à cet effet ?

Au point de vue sourd-muet, la colonie industrielle serait de nature à concourir au bien être des silencieux par le travail, et sans doute, à leur relèvement à la supériorité sociale par l'intellect, ainsi qu'à leur entier affranchissement des préjugés oubliés toujours nourris à leur égard par les act forts et judicieux.

A ce propos la plupart des sourds-muets ont grand peine à se faire une situation par suite de la privation des relations ou plutôt de la difficulté de se faire comprendre, et souvent ils sont déboutés sous certains prétextes, par les industriels ; cet état de choses déciderait de nécessiter la création d'une colonie pour les diriger et les assurer par tous les moyens.

Voilà un besoin de l'assurer contre les abus illicites de la part des entendants.

Autres questions

Conseil municipal — Les sourds-muets ne peuvent-ils pas être des conseillers municipaux ? Cela se pourrait de par le droit et la justice qui n'exceptent personne, car pour moi personnellement et en bonne conscience, je ne vois aucune opposition à admettre sur ce point sauf la seule difficulté d'être en relations par écrit. Si la Loi ordonnait autrement il n'y aurait plus de raison d'être en harmonie entre tous les citoyens, quelsqu'ils soient (entendants, sourds, aveugles).

Collège — Très utile pour les sourds-muets qui aspirent à la carrière du journalisme et aux belles lettres, mais spécialement pour les capables qui devraient être appelés à l'éducation des jeunes silencieux, à la direction des affaires et des travaux Malheureusement, en France, ils n'ont aucune école de ce genre comme en ont de supérieures nos frères d'outre-mer. Ne serait-ce pas une justice patriotique de doter les entendants de la faveur des Collège en en privant les sourds-muets enfants d'une même patrie ? Il serait à désirer que le collège et toutes les écoles de sourds-muets fussent du ministère de l'instruction puplique, non pas du ministère de l'Intérieur.

Missions — Très profitable à la moralisation des sourds-muets, et surtout très féconde en actes religieux lors des retraites. Ne serait-il pas avantageux pour des sourds-muets catholiques de s'employer aux missions en remplacement des missionnaires entendants parcequ'il y a si peu de prêtres qui connaissent le langage des signes ? Si le Congrès prenait une décision sur ce point, il devrait en aviser notre Saint-Père le Pape par l'entremise de l'Evêque ou d'un prêtre ami des sourds-muets pour en déterminer l'application.

L'Éducation et les Sourds-Muets

Par M. Henri GENIS

Président de l'Association amicale des Sourds-Muets

Cette question de l'éducation des sourds-muets peut paraître très complexe et très difficile, pourtant elle est très simple.

Je ne referai pas l'historique de cette éducation. Nos moments sont comptés et je ne crois pas avoir à vous redire ce qui se trouve au long dans les ouvrages spéciaux. Je n'ai pas à vous faire non plus la psychologie du sourd-muet. D'autres mieux que moi se chargeront de cette tache délicate.

Ce que je crois bon de soumettre à vos observations et à vos résolutions, ce sont des idées trop méconnues ou trop oubliées, ce sont des vérités primordiales dont on semble trop faire fi avec le système nouveau d'enseignement de nos jeunes frères

Il est de l'honceur des sourds-muets de soutenir ces idées, de vouloir assurer le triomphe de ces vérités.

Car l'éducation actuelle des jeunes sourds-muets est déplorable ; dans les grandes institutions s'entend.

Dans les petites où il y a peu d'élèves, la surveillance rendue plus aisée permet de réprimer certains écarts de caractère, facilite les occasions de donner aux élèves de vivants exemples de bonne tenue et de bonne conduite.

Mais dans les grandes où la surveillance est plus difficile, il n'y a guère que la morale, la moralisation qui puisse mettre un frein aux emballements du jeune âge, donner une raison compréhensible pour les fraîches intelligences, à toutes ces défenses, à toutes ces obligations auxquelles nous soumettons les déréglements ou les indisciplines.

Or, je vous le demande, comment voulez-vous que sans le secours du langage des signes on puisse faire comprendre aux petits sourds-muets qu'ils ont tort de faire cela, qu'ils font mal en faisant ceci, qu'ils auraient raison de faire autrement, que cet autrement s'appelle faire bien ; oui, comment voulez-vous qu'ils saisissent le pourquoi et le parce que de ceci et de cela, si vous leur anonnez des phrases qui seront indéchiffrables et comme lecture sur les lèvres et comme énigmes.

Ah ! oui, messieurs, les maîtres adeptes de la méthode orale
se rendent très bien compte de la faiblesse de leur système au
point de vue de la moralisation, car ils sont forcés de se servir
de signes en cachette et ce sont ceux-ci qui obtiennent de leurs
élèves plus de déférence, de soummission, d'affection, et aussi
de compréhension, lien suprême de l'élève au maître ;

Quand ils ne veulent pas ou ne peuvent pas employer les signes,
les maîtres ont recours pour discipliner leurs élèves plutôt aux
coups qu'aux pensums, privations de sortie, cachot.

C'est là un mauvais moyen. Quand on est brutal avec lui, le
sourd-muet devient méchant et vindicatif et il rend à César ce
qui est à César.

Quand, au contraire, on procède avec lui doucement, affec-
tueusement, il devient doux et affectueux à son tour. Des natures
les plus rebelles on obtient de bons résultats en agissant ainsi.

Et par dessus tout il ne faut pas bannir la religion de l'enseignement des sourds-muets. Elle produit une grande influence
sur eux et réussit admirablement à leur préparer une bonne
conduite dans la vie.

Telles sont, messieurs, les idées que l'on semble trop oublier
et que je vous prie de soutenir avec moi, de répandre partout
où il est nécessaire.

Nous aurons ainsi travaillé au bonheur des sourds-muets et
à la gloire de l'abbé de l'Epée.

L'Art chez les Sourds-Muets

PAR M. RENÉ HIRSCH

*Vice-Président de l'Association Amicale des Sourds-Muets
de France*

Dans presque toutes les Institutions des sourds-muets en France, il y a des professeurs spéciaux qui dirigent l'apprentissage des élèves dans l'art de la lithographie, de la gravure, du dessin, de la sculpture, etc. En général, ils ne sont pas suffisants et complets dans leurs enseignements. Ce ne sont que des leçons légères, sans approfondir des études spéciales et des connaissances importantes.

Beaucoup d'élèves, ayant fini leurs études, sortent des écoles, en croyant qu'ils sont instruits, vu les prix remportés. C'est une illusion pour les sortants; à peine entrés dans les ateliers du dehors, ils s'aperçoivent qu'ils sont faibles dans leur capacité; après quelque temps de séjour au milieu des ouvriers qui les raillent de leur ignorance dans leur atelier. C'est parce que ces élèves sortants ne connaissent pas les sciences et les mots techniques de leur Art.

Un grand nombre des sourds-muets sont remerciés, malgré leur bonne volonté ou bien ils ne sont pas comptés comme des ouvriers d'art du 1er rang. Beaucoup sont obligés de refaire de longs apprentissages, d'après les réglements ordinaires des ateliers.

Eh bien, Messieurs, je désire voir admettre des professeurs dévoués qui doivent bien enseigner avant tout le dessin. Car le dessin est la grammaire dans l'art, puis la géometrie, la perspective. les ornements et les styles de la renaissance et du temps moderne.

Toutes ces choses sont indispensables et utiles et développent l'intelligence dans l'art depuis les grands métiers jusqu'aux petits. Par exemple si vous voulez être un bon serrurier, il faut savoir dessiner, c'est pour préparer un plan et vous finirez par trouver une jolie clef dont le poignet est artistement ciselé. Chez un menuisier, c'est la même chose, on peut faire des jolies meubles de grande valeur, selon le dessin trouvé. C'est encore le dessin qui est le pivot de tous les métiers différents, jardiniers, potiers, bijoutiers, orfèvres, tourneurs etc. En général, les maîtres et les contre-maîtres gardent et encouragent les ouvriers habiles, qui sont artistes d'art; ils sont mieux payés que les ouvriers ordinaires.

Naturellement l'art est une chose difficile, il faut beaucoup l'étudier, savoir les techniques, pour bien l'approfondir. Quand on a le temps d'aller dans une bibliothèque qui se trouve dans toutes les villes, chercher des gravures parues depuis les siècles passés jusqu'à présent.

Un jour, je suis allé dans une institution des sourds-muets pour assister à la distribution des prix; il y avait une exposition des dessins faits par des élèves qui ont obtenu des prix. Je me suis arrêté devant un dessin bien exécuté. J'ai demandé que l'auteur du dessin me fut présenté et je l'ai complimenté sur son dessin. Je lui ai posé des questions, lui ai demandé s'il connaissait bien les lois de l'équilibre, la perspective et l'anatomie. L'élève étonné ne comprenait pas mes questions.

Voilà les défauts et l'insuffissance de l'instruction. C'est pourquoi, il faut réglementer toutes les écoles des sourds-muets pour que le dessin soit obligatoire, avec connaissance approfondie et il faut établir des examens dans les différents métiers, afin de juger si les maîtres sont à la hauteur de la mission qui leur est confiée, de faciliter aux sourds-muets les moyens de gagner leur vie convenablement.

MÉMOIRE POUR LA QUESTION

Quelle est la position sociale des Sourds-Muets adultes et si l'amélioration pour eux existe

PAR M. ALBIN-MARIE WATZULIK

D'Altenburg (Saxe)

———

Sous le rapport économique la position des sourds-muets est inférieure à celle de ceux ayant les sens au complet. Pour cause de leur infirmité malheureuse l'on engage les sourds-muets seulement à contre-cœur et, attendu que ceux-ci le savent qu'ils sont des tolérés, ils se laissent exploiter; c'est le pire de ce que j'ai constaté jusqu'a présent chez les ouvriers sourds-muets ce qui m'a rempli souvent de colère. J'ai vu beaucoup périr misérablement parce qu'ils n'avaient pas la possibilité de se mettre en avant avec ceux ayant les sens au complet. Sans doute il y a aussi des sourds-muets qui sont très bien situés mais ceux-ci représentant un pour cent contre 99 0/0 de sourds-muets malheureux.

Comment peut-on combattre la misère parmi les ouvriers sourds-muets? Je suis de l'opinion que tous les comités des sociétés devraient dans leur rayon avoir un œil attentif sur leurs membres et souvent faire des démarches pour combattre les indices de la misère naissante par des mesures nécessaires. La manière de faire doit s'adapter suivant la position dans laquelle une personne se trouve. Ensuite il serait nécessaire de distribuer de temps en temps des publications entre les fabricants ou patrons aux frais des caisses des sociétés, dans le but de faire cesser les préjugés existant contre les sourds-muets.

Je prierai l'honorable congrès de faire attention sur un fait qui se présente toujours de nouveau.

La négligence envers des petits sourds muets de la part des regents à l'égard de leur préparation pour la vie industrielle

Sous ce rapport l'on a beaucoup prêché jusqu'à présent. Dans la plupart des établissements on n'a pas d'égard sur la disposition naturelle des sourds-muets. Dans la plupart des cas l'on n'a pas encouragé d'une manière suivie les élèves de talent en sorte qu'en quittant l'établissement, ils se sentaient tout d'un coup inquiets ; ils prennent ce sentiment avec eux dans la vie pratique; il en resulte qu'au lieu d'aller en avant ils reculent. Nous devons faire des pas en conséquence pour faire des améliorations dans ce sens. Nous demanderons que les élèves soient examinés sur leur aptitude et sur leur prédilection pour le choix d'une vocation et que les maîtres les prennent en sérieuse considération.

Ensuite il serait désirable que de toutes parts il se créerait avec le concours des maîtres un asile pour l'avancement moral des sourds-muets sortant des établissements de sourds-muets proprement dits. Cela s'est fait, il est vrai, dans plusieurs sociétés mais dans une mesure insuffisante.

MÉMOIRE SUR LA QUESTION

Ya-t-il un moyen et serait-il nécessaire que dans chaque congrès de Sourds-Muets après l'adoption des résolutions prises, les délégués de chaque pays et cela d'accord avec les membres du Congrès, fassent des démarches auprès des représentants de leurs nations respectives dans le but justement de prier ceux-ci de transmettre à leurs gouvernements les résolutions prises par le congrès pour les prier de les appliquer dans leur propre pays.

PAR M. ALBIN MARIE WATZULIK

D'Altenburg (Saxe)

Je répondrais à cette question dans ce sens que les sires qui se trouvent à la tête du gouvernement ne mettent aucune importance sur ce qui vient d'un congrès pour le simple motif que les gens de gouvernement croient toujours que les sourds-muets ne se trouvent pas dans la position de se faire un jugement exact des questions brûlantes et pourquoi, *parce que les gens de gouvernement en pareille occasion s'adressent aux inspecteurs des écoles de sourds-muets pour liquider les affaires mises en avant et se contentent des appréciations de ceux-ci de sorte que les vœux et les plaintes des congrès de sourds muets restent inconsidérés* tel que je l'ai démontré au troisième Congrès des Sourds-Muets allemands à Nuremberg en Bavière qui a eu lieu à pentecôte de cette année, à l'approbation unanime de tous.

Nous devons nous passer de l'entremise des représentants de gouvernements comme une peine inutile. Par contre je recommanderais en premier lieu d'entreprendre la lutte contre nos adversaires d'une façon plus polémique que par le passé et ne pas se lasser jusqu'à ce que nous ayons constaté de l'amélioration (ou de meilleures intentions) chez les adversaires. Jusqu'à présent nous avons fait peu des choses dans cette direction par la voie des journaux. Mais il est notoire que l'opinion publique pourra être gagnée le mieux et de la manière la plus sûre pour notre cause justement par la presse politique. Moi-même j'entreprendrais prochainement la lutte dans les journaux politiques et j'ai la conviction que — pourvu naturellement que les preuves soient suffisantes — le succès sera de mon côté. Je prie l'honrable Congrès d'aller en avant de la même manière.

MÉMOIRE DE M. H. GAILLARD

N'y aurait-il pas moyen et serait-il nécessaire à chaque Congrès de Sourds-
Muets, qu'une fois les résolutions prises,
les délégués de chaque pays de concert
avec les membres du Congrès, fassent
des démarches auprès des ambassadeurs
ou représentants de leurs nations respectives et cela dans le double but de les
prier de transmettre à leurs gouvernements les décisions adoptées par le
congrès et en solliciter l'application
dans leurs propre pays ?

MESSIEURS,

Le Comité du programme du Congrès international des Sourds-Muets
de Genève à qui j'avais proposé d'étudier cette question avait décidé
de la soumettre à l'examen de tous les Sourds-Muets des différentes
nations qui se feraient représenter à ce Congrès. Nous pensions qu'un
mémoire quelconque sur ce problème qui peut paraître complexe, mais
qui pourtant est très simple et d'une grande importance, nous parvien-
drait. Or, rien n'est venu. Est-ce que l'on en serait effrayé, ou bien
est-ce qu'on le dédaignerait ?

Craindre de la résoudre me semble puéril. Estimer qu'elle n'est
pas digne de notre attention est véritablement dangereux et franche-
ment maladroit.

Car, messieurs, ne l'oubliez pas, si vous le savez, ou sachez-le, si vous
l'ignorez, on dit partout que les Congrès de Sourds-Muets ne servent
à rien, n'aboutissent à rien, ne sont que des manifestations platoniques,
des prétextes à réjouissances et à festins et n'intéressent en aucune
manière les pouvoirs publics, ne frappent pas assez sur l'opinion.

En laissant s'accréditer de telles pensées, en ne faisant rien pour montrer qu'elles sont injustes et fausses, nous courrons le risque de nous
déconsidérer à jamais, de perdre l'estime et l'amitié des entendants-
parlants que nous avons eu tant de peine à conquérir à notre cause.
Oui, messieurs, si nous ne réagissons pas, si nous n'essayons pas de
faire que les résolutions que nous adoptons entre nous ne soient pas
lettres mortes; si nous ne voulons pas qu'elles soient exécutées dans
leur intégralité; si nous tolérons plus longtemps qu'on nous regarde

comme quantité négligeable, qu'on affirme que notre opinion est de nulle valeur, indigne d'être prise en considération, oui, messieurs, les sourds-muets perdront pied dans l'opinion, ne profiteront plus de la marche des idées, de l'amélioration des conditions sociales qui se poursuit avec une précipitation chaque jour grandissante, et n'en auront pas le profit parcequ'ils ne se seront pas donné la peine de l'obtenir, parce qu'ils auront gâché la besogne.

Car, c'est faire de la mauvaise ouvrage, comme on dit vulgairement, c'est perdre son temps et ses fatigues, que de nous réunir comme nous le faisons, seuls, entre nous, d'oublier quelquefois même d'y inviter la presse, cette grande puissance moderne, ce formidable levier de l'opinion, cette mitrailleuse sûre et implacable de tous les préjugés qui déshonorent l'esprit humain, l'idée moderne. Nous semblons prêcher dans le désert, d'autant que nous nous abstenons trop souvent d'inviter à nos conventions des personnalités entendantes marquantes, des hommes politiques, des hommes de science, des écrivains qui prendraient plaisir à se mettre à notre service, à nous soutenir par la puissance de leur influence, de leur autorité et de leur talent et qui aideraient à l'aboutissement de nos revendications. Sans doute, il importe que nous organisions et conduisions nous-mêmes nos congrès mais il est de toute nécessité que nous ne nous privions pas du concours des entendants-parlants, que nous leur accordions des places d'honneur, même des places de combat en dehors de nous mais parallèlement à nous. Nous aurons ainsi un moyen d'obtenir quelque chose.

Quand à nos autres *dessiderata* ils ne pourront avoir chance de se réaliser que grâce à notre vigilance, notre activité, notre énergie et notre insistance. C'est à nous à agir, à proposer les petites et grandes manœuvres qui mèneront au combat décisif d'où sortira la victoire finale

Rien de plus simple que de constituer d'abord une Commission internationale exécutive des Congrès Internationaux de Sourds-Muets, commission qui serait renouvelée à chaque nouveau Congrès International, j'insiste sur ce mot. Cette commission aurait pour objet :

1° De se rendre en corps ou par délégation chez chacun des ambassadeurs ou représentants des Nations assistant au Congrès et de leur remettre copie des résolution adoptées et de ses considérants en les priant de les faire parvenir par voie administrative au ministre compétent de chaque pays.

2° D'obtenir par l'action personnelle de chacun de ses membres dans son pays respectif le plus de résultats possibles se rapprochant des vœux émis au Congrès.

3° De préparer de façon pratique et méthodique les futurs Congrès Internationaux de concert avec leurs organisateurs dans les pays où ils doivent se tenir.

Je crois, Messieurs, que cette commission si elle est composée d'hommes d'action et d'énergie, sachant et voulant agir, obtiendrait de bons résultats. Chacun de ses membres devra être en relation constante avec un secrétaire nommé par la commission elle-même. Ses frais de correspondance et de propagande pourraient être supportés par une caisse alimentée par des subventions de Sociétés ou groupes, ou par des dons volontaires. Le président de la Commission aurait la garde de cette caisse.

Il est bien entendu que cette commission devrait toujours se mettre d'accord avec les Bureaux des Congrès et agir conjointement avec eux, mais cela seulement pendant l'époque des Congrès. En temps ordinaire, elle aura sa liberté d'action absolue.

En vous proposant d'instituer une Commission exécutive internationale des Congrès de Sourds-Muets et en vous demandant de la constituer ici-même, au Congrès de Genève, je n'obéis, Messieurs, qu'à la seule préoccupation de trouver quelque chose pouvant assurer la réalisation de nos revendications ; si vous trouvez un moyen meilleur et plus pratique que le mien, je suis tout prêt à m'y rallier. Mais ne perdez pas de vue qu'il faut que nous montrions que nos Congrès ont des résultats autres et plus profitables que ceux de nous mettre en communication entre nous, de nous apprendre à nous aimer, de remuer un peu l'opinion en notre faveur.

Je vous prie aussi, Messieurs, de donner à cette commission ainsi qu'au Bureau du Congrès assez de pouvoir pour qu'elle fasse connaître les résolutions que nous prendrons aux différents représentants à Berne des Nations dont les principaux sourds-muets honorent notre réunion.

Les Sourds-Muets doivent-ils être considérés comme des manœuvres?

Par M. DUSUZEAU

*Professeur honoraire de l'Institution nationale des
Sourds-Muets de Paris*

Non, puisqu'ils ont la même intelligence que les parlants.

Si on savait la cultiver, on ferait d'eux des ouvriers capables et habiles, et même plus capables que la plupart des parlants.

Pour cela, il faudrait qu'ils eussent des notions de mathématiques, surtout de géométrie.

Je vais répéter mes idées que j'ai exposées dans ma thèse soutenue pour l'agrégation à l'Institution nationale des sourds-muets de Paris.

L'instruction donnée aux sourds-muets a pour but de les former pour la société de leurs frères parlants, et de leur fournir les moyens de s'y créer une position. — La privation de la parole leur fermant la plupart des carrières libérales, presque tous devront embrasser des professions industrielles ou manuelles. Il y a donc nécessité de leur enseigner les éléments des sciences, et, en première ligne l'arithmétique et la géométrie. Considérons d'abord ces sciences au point de vue pratique.

Le plus humble des ouvriers doit savoir compter, faire le mémoire des travaux qu'il exécute, vérifier les notes des denrées ou marchandises qu'il achète, établir la balance de ses recettes et dépenses, et, quand il place ses économies, calculer les intérêts de son petit capital.

Ces diverses opérations, tout homme, sourd-muet ou parlant, occupant une position quelconque dans les arts, dans l'industrie, dans le commerce, est obligé de les faire à chaque instant et dans mille circonstances, avec rapidité et sans embarras.

L'arithmétique, la géométrie pratique, la géométrie descriptive, sont donc des connaissances de première nécessité que le sourd-muet doit posséder d'une manière parfaite.

La géométrie a pour le sourd-muet une importance incontestable. Elle est indispensable à celui qui veut devenir menuisier, charpentier, ébéniste, tailleur de pierres, sculpteur, graveur, ferblantier, fumiste, mécanicien, constructeur d'appareils, etc.

Les professions qui, chez un ouvrier intelligent, peuvent devenir très lucratives, supposent, dans celui qui les exerce, des notions assez développées de géométrie élémentaire et de géométrie descriptive. Mais l'exécution de cet ouvrage exige un dessin exact et précis, et souvent un plan composé de deux parties: le plan proprement dit et l'élévation.

L'ouvrier doit savoir lire sur ce plan s'il ne l'a pas dessiné lui-même, c'est-à-dire y reconnaître et y prendre toutes les figures de son travail. Pour donner à la pierre la forme régulière d'une simple voûte circulaire, pour transformer le chêne en une spirale d'escalier, pour l'ajuster avec précision dans le comble d'un édifice, pour lui imposer ces formes si gracieuses et si variées que 'on admire dans l'ébénisterie et la menuiserie françaises et étrangères, pour façonner le zinc, le fer, le cuivre laminés en cylindres, en cônes, en sphères dans les ustensiles divers que fabriquent la ferblanterie et la fumisterie, et dans ces appareils compliqués dont la science moderne a enrichi nos mines.

Que pourrait la main la plus habile, si elle n'était pas dirigée par la connaissance du dessin géométrique ?

Les connaissances pratiques de géométrie élémentaire et de géométrie descriptive, — sans lesquelles l'ouvrier est condamné à jamais au triste métier de manœuvre, — doivent donc faire partie de l'instruction du sourd-muet.

Elles lui seront facilement enseignées, puisque les propriétés des figures géométriques parlent pour ainsi dire à ses yeux.

Vu l'utilité incontestable de la géométrie descriptive pour les sourds-muets.

Le Congrès émet le vœu que ces sciences soient enseignées dans toutes les écoles de sourds-muets sans exceptions, et que des cours mutuels soient établis dans les principales villes et dirigés par des professeurs sourds-muets ou par des professeurs parlants connaissant l'alphabet des sourds muets.

DISCOURS

Par M. Francesco GUERRA

de Naples

---

*Monsieur le Président et Monsieur le Composant
du Congrès International des Sourds-Muets à
Genève*

MM. les Professeurs,
Maîtres et Très Chers Confrères,

J'ai l'honneur de me présenter à ce Congrès en qualité de Vice-Président honoraire comme représentant de l'Italie que vous avez bien voulu honorer en ma personne, je vous remercie de tout mon cœur, j'apporte de l'Italie les salutations fraternelles de mes compagnons malheureux aux Congressistes et des vœux unanimes qu'ils viennent de suite procurer l'amélioration de leurs misérables conditions, celles-ci ne peuvent arriver qu'en apportant d'énergiques réformes dans l'instruction et moyennant le rétablissement d'une méthode mixte, en les considérants égaux aux autres en face de la loi.

Chers Confrères, je ne parle pas avec exagération comme font beaucoup d'autres pour tromper la loi publique, mais seulement j'expose les faits avec vérité et simplicité et douleur de vous dire, mes très chers Confrères, que sous mes yeux et pendant ma longue expérience ont été prises les injustes délibérations du Congrès des Maîtres des Sourds-Muets de Milan en 1880, sans examiner les questions techniques et pratiques des besoins des sourds-muets, a été proclamé à grande mesurance et non unanimité l'application d'une méthode simplement orale dans les écoles pour l'instruction et l'éducation des sourds-muets, La même chose comme s'ils parlaient, et s'ils parlaient. Celle-ci est vraiment un crime ! !

La plupart de ces Congressistes étaient tous de Milan amis et partisans de Monsieur G. Tarra, et n'ont pas été maîtres, mais des gens ignorants de notre très malheureux sort ! De ce Congrès, on ne le croirait pas, ont été exclus les vrais Maîtres pratiques de l'enseignement des sourds-muets, comme le regretté commandeur Bosselli, successeur du célèbre P. Assarotti, un des plus anciens instituteurs italiens, homme intelligent, aimé par tous les sourds-muets, particulièrement par les Genevois qu'ils appellent le vrai père, Monsieur l'avocat L. Giaccardi, fondateur des sourds-muets de Turin, et çà pourquoi ? Par la terreur qu'ils aient combattu la méthode pure orale ! (Comme on peut relever dans nos brochures, l'éducation des sourds-muets par L. G. à Turin). MM. les Professeurs, nous hommes d'intelligence et de cœur, vous comprendrez bien que si s'applique seulement la méthode pure orale, sans l'aide de la mimique, on ne peut pas développer l'intelligence des sourds-muets par manque de sentir, et comme çà il reste démoralisé, triste et mélancolique dans sa figure comme on peut faire comprendre à un élève dans n'importe quel discours, un sermon un récit, une conférence, etc ? Et comment pourra-t-on instruire un pauvre élève, s'il ne sent pas les règles grammaticales, les verbes, les noms extraits, les qualités intellectuelles et morales, l'histoire, la géographie et les différentes langues ! etc, dont il est nécessaire de rétablir la meilleure méthode qui est un grand bénéfice pour se faire bien entendre, comme je peux le témoigner moi-même. Dans mon enfance, après qu'un curé dont je ne me rappelle pas son nom, m'avait dressé avec la méthode orale avec grande peine, patience, et persévérance pendant 3 ans, j'ai réussi à parler quelques mots sans pouvoir comprendre la signification de la parole, parlant comme un perroquet. — Et moi, je n'avais aucune idée des mystères de la religion et par simple imitation j'ai fait le signe de la *sainte-croix*, etc., mais a divine prévoyance, m'a fait découvrir un institut de sourds-muets à Naples et mon très aimé R. Ajello, lequel m'a instruit avec l'aide de la mimique et de la dactylologie, non seulement, j'ai tout appris, mais je me suis perfectionné aussi dans la parole, et comme çà je comprenais très bien la signification de toutes les phrases et je connaissais aussi à fond les choses morales et religieuses, mais je sens dans mon instinct de nature, un grand besoin de me servir de la mimique, pour mieux exprimer mes idées et mes pensées, comme celui qui parle se sert de la parole, et les aveugles du tact. Mes Confrères ! C'est avec douleur que je dois vous faire remettre à la mémoire que dans ce moment l'Italie est en pleines mains des orateurs, lesquels confondent et trompent les personnes de bonne foi, parce que dans ce moment, on ne voit plus refleurir l'instruction des sourds-muets avec la méthode spéciale recommandée par le très estimé l'Abbé de l'Épée, par tous ceux qui ont suivi les traces de ce grand apôtre et bien mérité des sourds-muets, ont été le premier fondateur des instituts entre lesquels en première ligne le célèbre P. Assarotti, qui, avec la méthode de l'*Abbé de l'Épée*, éduqua les élèves sourds-muets dans l'histoire de la patrie, dans la géographie, dans les langues étrangères et dans d'autres choses très utiles ; entre ces sourds-muets éduqués dans ces matières sont célèbres, M. Castelli, M. Basso, M. le Chevallier Lavanigno, M. Milliorino, etc., qui ont été très loués par les princes qui ont eut l'honneur de les interwiever, le public louait beaucoup ce grand homme, le bienfaiteur de sourds-muets Italiens, M. P. Assarotti, qui s'occupait et dédiait pendant toute sa vie pour y fonder l'instruction à nos frères malheureux, mais dans ce moment l'Italie pleure en voyant beaucoup de ces sourds-muets malheureux, sortir des écoles qui parlent comme des perroquets sans comprendre et à ce qu'ils disent sont plaisantés par les personnes inhumaines qui à les entendre parler ne peuvent faire moins de rire et de les mépriser et comme ça ils vivent dans l'inertie éloignés de la Société !! — Les pauvres sourds-muets quand ils ont besoin d'écrire des lettres doivent chercher avec sacrifice un de ces compagnons bien instruit à la suite de leurs dictées en mimique et ce compagnon instruit rarement on peut le trouver !! et comme çà termine de maroner terriblement contre ce maître, contre la dure méthode orale qui pour eux est une condamnation imméritée et considèrent cela comme un esclavage; plusieurs sourds-muets de l'antique système sont très intelligents et capables de faire des Maîtres à ces compagnons dans les écoles élémentaires, ne pouvant pas prendre d'autres libres professions, comme vous savez, mais malheureusement, ils sont toujours refusés à cause du système oral ! Donc, vous voyez, mes biens aimés Confrères celle-ci est une triste persécution à notre très infâme sort !!! Et moi je ne me fatigue pas d'affirmer que des roués orateurs habiles comme des prestidigitateurs quand on doit donner une publique séance pour émotionner les spectateurs en leur faisant sentir miraculeusement la voix des muets, ils prennent ces sourds-muets qui sont en réalité durs d'oreilles et qui ont perdu la parole après avoir parlé pour 6 ou 12 longues années. — Ces sciences oralistes beaucoup en avant de cette science publique, ils dépensent beaucoup de temps et de fatigue à les préparer à ce théâtre pour les imbéciles en leur faisant retenir à mémoire des choses répétées jusqu'à combien de fois !! Et comme çà toutes choses bien préparées, ils se présentent au public en disant avoir fait des miracles en faisant parler des Muets ! - *(Oh ! beau miracle, vraiment)*. Ces miracles là le bon Dieu les fait seulement, et le pauvre public trompé dans ces choses mystérieuses applaudit frénétiquement aux imposteurs et aux charlatans qui se cachent sous le manteau de la charité et de la science, et, avec eux, ils les flattent en leur faisant des cadeaux, donnant des récompenses et aussi des onorificences !! Ah ! si le public voyait tout seul ces sourds-muets et s'ils les interwievaient en leur demandant quelque chose autour de l'histoire de la patrie, ou géographie, ou science numérique, ou autres, comme vous appellerez les élèves instruits par M. P. Assaroti.

Il y aurait bien d'autres choses à dire autour des très tristes conditions de nos malheureux frères, mais moi je m'abstiens pour éviter de vous ennuyer. — Mes Très Chers Confrères ! Je dis seulement que dans ce moment aucun se s'intéresse pour nous aider et améliorer les sourds-muets et aucun n'écoute nos très justes plaintes et besoins, Tous sont profondément égoïstes, le gouvernement ignore de prévoir cela parce qu'il ne peut pas découvrir la vérité, l'État voit des choses qui regarde les sourds-muets, étant tenu à l'obscur des arts et dans l'intérêts des fauteurs oralistes. Très Chers Confrères, vous savez bien qu'aujourd'hui il n'existe plus d'homme (Abbé de l'Épée, un monsieur Assarotti) pas un vrai et amoureux père des sourds-muets ! Qui remédiera à ces inconvénients ? Qui nous secourira ? Qui nous défendra ?

Seulement nous, sourds-muets, fils du grand *Abbé de l'Épée* en profitant de la charité, de la science et du sentiment.

Ces sourds-muets ils ont fait concours pour aider à se soulever fraternellement eux-mêmes, ils ont adressé leurs forces au rétablissement de la méthode mixte, ils ont fondé plusieurs remarquables journaux littéraires, tous exclusivement pour leurs frères et spécialement aux Etats-Unis d'Amérique, aussi mes compagnons Napolitains ont sauvé de la tortures ce Docteur Edouard Giampietro en 1886, et aussi d'autres choses : Donc que doit faire à présent le gouvernement, s'il veut s'intéresser à notre sort et l'améliorer, le rendre moins dur ? Mon idée pour l'avantage de tous, est que le gouvernement écoute notre voix, confie la surveillance à une société protectrice des sourds-muets, formée par des citoyens honorables et hautement placés, de sourds-muets instruits et qu'une personne compétente en cette matière soit chargée d'inspecter de temps à autre les écoles des deux sexes, d'informer chaque année le ministre de l'instruction publique de toutes les pratiques et règles et qui rendent efficaces toutes les opérations instructives et éducatives, pour ne pas donner du danger à l'erreur, comme pratique les inspecteurs des études pour les écoles parlante et sentantes.

La société s'offre à prêter aide aux autorités à toutes requêtes et informations à l'interprétation et en tous moments, alors la société sera puissante comme un phare illuminé et prendra sur les membres du gouvernement la lumière qui fera voir à tous avec les propres yeux et protègera notre droit. — Et comme cela on pourra se dire très heureux, comme nos confrères américains aux Etats-Unis, réunis sous le dernier vénéré et sciencé Gallaudet qui a apporté la méthode de Monsieur de l'*Abbé de l'Épée,*

Ici je termine, mes Très Chers Confrères, mon long discours, et je vous invite à l'unanimité, à crier Vive Abbé de l'Épée, vive la méthode mixte, vive la liberté, contre le joug de l'oralisme. Vive Guillaume-Tell de cette belle et forte Helvetie.

Naples, 29 juillet 1896.

Votre Confrère
FRANÇOIS GUERRA,
Vice-Président honoraire et représentant de l'Italie

Quelques considérations

sur l'Institution de St-Hippolyte du Fort

Messieurs,

Après les éloquents discours que vous venez d'entendre, votre opinion sur le choix de méthode d'enseignement ne peut-être mise en doute, vous êtes tous n'est-ce pas pour la mixte.

Permettez-moi de vous dire quelques mots sur l'institution des sourds-muets protestants de Saint Hippolyte-du-Fort dont je m'honore d'être un ancien élève.

Cette école qui compte 40 années d'existence, est la première en France qui a introduit et adopté la méthode orale de J. R. Péreire. Mais je me hâte de vous dire que l'emploi des signes n'y est pas rigoureusement interdit. Tout ce que l'élève ne comprend pas lui est expliqué par des signes conventionnels de telle sorte qu'il comprend parfaitement ce qu'on lui dit.

Laissez-moi vous dire, messieurs, que je regarde la parole dans l'enseignement des sourds-muets comme un grand bienfait, à condition, bien entendu, qu'on l'enseigne à ceux qui en sont bien doués car ceux qui ne le sont pas, n'arriveront jamais à bien articuler une syllabe.

Il serait à souhaiter, Messieurs, que les enfants qui ont parlé et qui sont devenus sourds par accident ne soient pas négligés dans l'enseignement par la parole car si les signes leur sont bons dans leurs rapports entre eux, la parole leur est d'une grande utilité dans leurs relations avec les entendants.

Messieurs, vous avez entendu des critiques contre l'enseignement des travaux manuels. Étant moi-même chef d'atelier, je suis d'accord pour trouver qu'on ne les exerce pas assez dans ces travaux. Je trouve aussi qu'on les force souvent à apprendre un métier pour lequel ils n'ont aucun goût et qu'ils abandonnent au sortir de l'école.

Ceux qui ont choisi eux-mêmes leur métier se trouvent le plus souvent avoir pour maîtres des hommes qui n'ont pas d'amour pour eux. Or, comment voulez-vous, qu'ils arrivent à bien gagner leur vie.

Ce n'est pas étonnant que l'on trouve tant de colporteurs ou de mendiants sourds-muets. Toutefois ces considérations ne sont pas la véritable cause de la décadence de tant de sourds-muets.

Est-ce que dans les écoles des sourds-muets on leur enseigne l'amour du travail et l'horreur de la mendicité? Je n'en sais rien, et même je ne le crois pas du moins dans plusieurs sinon dans toutes. A l'Institut protestant de Saint-Hippolyte, on le fait et je vous assure que pas un que sache n'a tendu la main.

En effet, messieurs, jamais personne que je sache n'a vu un ancien élève de Saint-Hippolyte se traîner misérablement dans les rues, voir même dans les prisons.

Messieurs, comme conclusions de ces considérations, permettez-moi de déposer ces vœux :

1º Que les Institutions de sourds-muets ne prenent pour professeurs des travaux manuels que des sourds-muets.

2º Que ces Institutions se pénètrent toujours de ce grand devoir d'enseigner l'amour du travail et l'horreur de la mendicité.

DISCOURS

PAR M. FRANCESCO MICHELONI

de Rome

========================

Permettez, Messieurs et collègues, que je vous apporte les salutations cordiales et sincères de mes confrères.

Le congrès qu'il vous a paru opportun de convoquer sur le sol de la libre Helvétie ne sera pas sans fruits pour la classe délaissée; au contraire j'en augure les plus grands résultats.

L'Italie n'a jamais été insensible aux cris de douleur de ses enfants, et les nombreuses institutions fondées dans ces derniers trente ans de liberté sont la preuve de la prévoyance et des sentiments cordiaux de toute la nation.

Les points qui seront mis en discussion se rapportent non seulement à l'enseignement qu'il faut donner aux sourds-muets, mais tendent sûrement à l'amélioration de la condition sociale de toute cette famille.

Quant à l'instrution il n'y a pas de doute que bien qu'elle s'inspire de considérations (critères) pratiques et rationnelles, elle ne peut cependant pas améliorer sensiblement la situation actuelle des sourds-muets.

Depuis l'Abbé de l'Epée jusqu'aujourd'hui, un siècle s'est écoulé, et si dans bien des pays la condition des sourds-muets est restée stationnaire faute d'établissements d'instruction, on est toutefois arrivés dans d'autres à des résultats remarquables, et l'on pourrait en obtenir de plus grands encore à l'avenir, si les études mêmes étaient octroyées avec plus de discernement et plus de soins. Mais les sourds muets attendent de vous non seulement une amélioration sensible dans leur éducation et leur instruction; ils en attendent aussi une position plus digne dans la société sociale, afin de pouvoir participer aux droits et aux devoirs communs à tous les autres citoyens.

Je me permets d'attirer toute votre attention sur ce point essentiel, et en vous engageant à discuter avec calme et élévation ce grave problème, je vous souhaite d'avoir l'assentiment de tout le monde civilisé.

Les lois qui frappent notre classe et la bannissent presque du giron de la société civile considèrent le sourd-muet comme étant incapable de pourvoir lui-même à ses intérêts, aussi bien dans es affaires publiques que privées.

Les résultats obtenus par les institutions qui sont dirigées avec les soins les plus éclairés sont en opposition avec ces dispotions inhumaines, et ces résultats que le sourd-muet est susceptible d'un degré de perfection capable de le rendre apte à remplir tous les actes les plus compliqués des emplois publics.

Qu'une voix s'élève du milieu de vous non pas dédaigneuse, non pas fière, pour affirmer un droit sacré et juste que vous méritez.

Et que notre souci constant et jaloux soit d'obtenir qu'on nous accorde ces droits civils, et d'améliorer l'instruction de tous nos frères en indiquant les méthodes et les directions qui répondent le mieux aux fins que nous désirons, avec le salut fraternel et vous donc, le vœu que vos travaux inaugurent une ère nouvelle d'encouragement et de dignité pour vous et tous vos colllègues.

Moi, représentant des sourds-muets Italiens, en me faisant l'écho de leurs vœux et de leurs sentiments, je vous exhorte à vous mettre à l'œuvre pour cette noble entreprise avec entrain et confiance, persuadé que tout le monde civilisé, aujourd'hui si empressé à améliorer le sort des malheureux sera avec nous dans un pacte d'amour.

ALLOCUTION

DU REPRÉSENTANT ENTENDANT

de l'Ecole des Sourds-Muets de Gruyères (Valais)

Messieurs, chers amis, bien-aimés sourds-muets et sourds-parlants,

Les représentants de l'Institut des sourds-muets à Géronde (Valais), et de l'Institut des sourds-muets à Gruyères ont été bien surpris de lire les lignes suivantes : les *maîtres* adeptes de la méthode orale, etc.

Veuillez : 1° nous nommer ces maîtres, car nous tenons à nous mettre en rapport direct avec eux.

2° Si vous n'en connaissez pas, veuillez ne pas écrire les *maîtres* en général, parce que tous n'ont pas la même manière d'enseigner.

3° Nous pouvons vous donner des preuves qui contredisent ce qui est dit-là et nous invitons tous ces Messieurs et tous les chers sourds-muets et sourds-parlants à venir nous rendre une petite visite à Gruyères et à Géronde pour se convaincre de la chose.

4° Nous convenons qu'il faut les signes naturels pour donner à l'enfant la signification du mot; par exemple pour apprendre le mot *manger*, nous lui montrons les signes de manger, puis nous lui apprenons à prononcer le mot et enfin nous lui donnons le mot par écrit.

Mais si nous nous servons de ces signes naturels nous ne disons pas que nous n'avons pas la méthode orale, car dès que l'enfant sait parler il ne se sert plus des signes mais seulement de la parole.

D'ailleurs c'est une plus grande gloire de savoir communiquer avec toutes les personnes par la parole que par signes et un sourd-muet bien instruit par parole sera toujours plus estimé dans le monde que par les signes.

5° Nous vous prions donc de bien vouloir contre dire cet alinéa ainsi que le dernier où il est dit que le sourd-muet ne peut jamais comprendre les idées abstraites et les vérités de la religion sans les signes. Nous vous invitons encore une fois à venir vous convaincre de la chose à Gruyère.

Les Sourds-Muets et les Anthropologistes

PAR EUGÈNE NÉE

de Paris

Mesdames, Messieurs,

Sujet difficile, sujet délicat que j'ai pris à tâche de vous présenter en traitant des Sourds-Muets et des anthropologistes, et pourtant en fût-il jamais de plus intéressant par sa thèse même traitant, analysant pour ainsi dire, l'intellectualisme du Monde Silencieux.

Et tout d'abord j'ai choisi mon sujet de parti pris pour moyen de *défense*, car jamais peut-être idée plus redoutable, plus grosses de conséquences ne pouvait se présenter à nous.

Mon but est de démentir ce qu'a prétendu le Dr Minnings, en un tout récent travail analysé et communiqué l'année dernière à l'Académie des Sciences (Section médicale) que « les trois quarts des sourds-muets peuplent les asiles d'aliénés ».

Si habitués qu'on soit à sourire devant les diagnostics plus ou moins fantaisistes de ces messieurs les anthropologistes, leur science est trop incertaine, leurs jugements reposent sur des bases trop fragiles, leurs statistiques sont bâties sur des équations par trop complaisantes pour ne pas protester hautement contre ce soufflet qui nous est envoyé si gratuitement.

Rien n'est plus redoutable que l'analyse de l'humaine sensation, de cette nature complexe, insaisissable qu'est l'âme, le penser humain.

Eh quoi! nous lutterions pour la vie! eh quoi! nous suerions eau et sang! de nos rangs sortiraient des artistes, des intellectuels de plumes, des maîtres ès-œuvres, et nous viendrions nous briser et avec nous ceux qui nous aiment devant cet ultime

Manès, Pharès, Thécel

La folie, l'idiotisme, l'incapacité, nous fermant toutes les portes par de là lesquelles coule à pleins flots la vie...

Allons donc.

C'est de toutes nos forces, de tous nos moyens que nous devons combattre telle hérésie, qui, par cela même qu'elle part de gens d'autant plus écoutés qu'ils parlent au nom de la science, car, en effet, avec semblable suspicion morale attachée à notre existence, comment voulez-vous que nous luttions efficacement contre la destinée ? — Comment voulez-vous que nous briguions, non pas des places d'honneur, mais simplement notre place au banquet de la grande famille humaine, si, parce qu'un jour il a plu à des morticoles fin-de-siècle d'enfanter une brochure et qui traitent ce sujet comme il auraient traité celui de la transmissibité d'un virus quelconque d'un chien à un cobaye.

Je leur réponds en notre nom à tous : « De quel droit, en vertu de quel pouvoir surnaturel ou humain venez-vous, sciemment, de parti pris presque, dénier à toute une classe de laborieux, d'utiles, oui d'utiles, consultez nos archives, analysez sincèrement nos actes, puisque vous êtes en veine d'analyses physiologiques, de quel droit, dis-je, venez-vous ainsi attacher à toute une humanité, cette étiquette infamante, ce rélan de folie et d'incapacité ? — Est-ce pour éviter de reconnaître une erreur séculaire, est-ce pour ne pas faire mentir quelqu'une de vos formules sacramentelles ! Est-ce, encore, pour fermer, volontairement, les yeux à la lumière aveuglante, jaillissant des œuvres de nos artistes, de nos intelligents, de nos plus humbles artisans ? Cette lumière est plus vive et plus pure que la vôtre car elle chassera les ténèbres où vous voulez briser à jamais l'effort de la masse silencieuse, car elle ne vient pas de compromis avec la Nature comme la vôtre; cette lumière tuera votre jugement barbare, sur nous, car elle part du Créateur de toutes choses ».

Oui, c'est ainsi que je leur réponds et c'est la meilleure manière de le faire que de leur opposer ce que l'Humanité silencieuse a déjà fait de chemin depuis que l'immortel de l'Epée et, après lui les hommes de la Convention de 1791, leur ont montré la route, et ce qu'elle est prête encore à faire.

Maintenant que le grand cri de notre indignation, de notre légitime orgueil blessé s'est fait entendre, raisonnons logiquement, posément, combattons arguments en mains l'ennemi moral dressé devant nous. Comment s'étonner qu'après de telles appréciations du Sourd-Muet semblant tout d'un coup nous reculer aux préjugés d'antan, comment nous étonner que partout où quelqu'un des nôtres aille, le plus souvent il est reçu par une fin de non-recevoir, ou si on l'emploie ce n'est guère que pour l'user à des travaux inférieurs ou les plus pénibles, et à des prix infimes, tellement le préjugé de son incapacité, venu des soi-disant hautes-régions de la science est enraciné. — Je parle bien entendu au général, je parle des petits, des humbles, des galvaudeux, de la masse, de la légion enfin ! Il y a d'heureuses exceptions de conditions sociales, de famille et même, mais combien rares, de patrons agissant en hommes de cœur, sachant faire la part de la malchance pour ne voir que l'or enfermé en sa conque, et sachant par là apprécier leurs collaborateurs, ouvriers ou artistes sourds-muets. — Pour cette raison je dirai que pour le commun de nos frères, les conditions du *Struggle for life* sont bien plus difficiles que pour nos frères les entendants, et combien tombent en route, de ces vaincus de sots préjugés!!!

Généralement, et ce qu'a déjà remarqué l'un des nôtres, le regretté professeur Berthier, les philosophes, les savants, les médecins surtout qui ont voulu s'occuper de nous, nous étudier ne l'ont fait que très superficiellement et le plus souvent ont basé leurs jugements sur de simples hypothèses, sur des apparences trompeuses qu'ils ne se donnaient même pas la peine de pénétrer, ces hommes si forts en auscultations et en analyses ne se sont jamais mêlés à notre vie intime, à notre langage si clair, si précis, toujours logique et sûr pour qui y est initié, car même chez les plus ignorants d'entre nous, même chez ceux des campagnes, notre langue a une poésie, une droiture, une netteté que je défie de trouver chez des entendants à conditions de vie et d'éducations égales. — J'ose même affirmer que l'intelligence *d'expression* ne serait pas en faveur des derniers.

Berthier avait déjà victorieusement réfuté les idées préconçues du D' Itard, un des précurseurs du D' Minnings, sa réfutation était destinée à être lue en séance de l'Académie de Médecine de Paris, mais la mort du rapporteur M. le D' Pariset, le peu d'étude consacrée au sujet par ses successeurs MM. Gerdy et Gueneau de Mussy, ainsi que l'indifférence *voulue* de la majorité des membres de la docte Assemblée, empêcha cette lecture au grand public. Toutefois Berthier ne s'est placé qu'au point de vue purement sentimental, il n'a vu que ceux d'entre nous placés en avant par de fortes études. Nous, nous nous plaçons au point de vue de la vie pratique des petits, des artisans et nous pesons les conséquences terribles des idées émises l'an dernier par le D' Minnings. Car c'est surtout dans les campagnes, c'est beaucoup dans certains centre ouvriers que ces idées ont, et naturellement, de fâcheuses conséquences; le médecin « *Monsieur le Docteur* » a dans ces milieux, comme le prêtre d'ailleurs, une influence considérable; ils sont tous deux le *Deus ex Machina* de l'existence pour les gens primitifs et par cela un tant soit peu d'allures et de sentiments peu tendres. Disons simplement, sans phrases, que plusieurs des nôtres ont payé de leur vie cet aphorisme cruel, rappelons le plus récent assassinat moral de ce genre, le suicide, faute de travail, de notre pauvre sœur Lucie Dupille. Je veux m'arrêter à ce nom, je le veux de parti pris, car la liste de notre martyrologe est longue, trop longue et indigne du progrès des idées du siècle, indigne de la France.

D'autres causes encore donnent un semblant de véracité, un appui où semblent être étayées les idées du docteur Slave en son pronostic de notre anti-intellectualisme, ce sont les conditions où la plupart des établissements d'éducation (?) des sourds-muets sont placés et le rang qu'ils occupent, en France du moins. Ces conditions, il faut l'avouer, quoi qu'il en coûte à notre amour-propre national, ces conditions sont des plus défectueuses ou misérables, car les maisons d'éducation figurent dans les services du Ministère de l'Intérieur, à quelques lignes près, au même rang que les hôpitaux, asiles et autres établissements de secours pour les misères physiques ou morales. Est-ce cette cause, ce rattachement à une Administration qui comprend dans ses attributions Bicêtre et Mazas, qui a inspiré M. Minnings et les anthropologistes qui sont en communauté d'idées avec lui? — On voit assez les conséquences d'un tel état de choses, quel aide puissant il apporte aux objections de ceux qui doutent de nous et quel obstacle il fait surgir pour enrayer la libre expression de notre vie, de nos facultés.

Les sourds-muets autant que les autres ont l'intelligence ouverte, comme les autres, plus que les autres ils sentent, ils pèsent les responsabilités de la vie.

Etait-il fou le divin Ronsard qui après avoir été page de Marguerite de France, et attaché d'ambassade à Rome en 1542, devint *Sourd à seize ans*, et... je copie textuellement un passage d'un ouvrage : La *Littérature française*. « Un accident va le faire un grand poète, il est atteint de SURDITÉ ». Oh! oui, un grand poète, une des plus pures et des plus grandes gloires de notre cher pays de France, presque le fondateur de la poétique de langue Française, le chef, le maître incontesté de cette Pléiade des Sept qui régnèrent sans conteste sur la littérature des XVIᵉ et XVIIᵉ siècle; son *accident*, comme dit l'auteur, avait-il tari sa rare intelligence, son âme artiste?

Et si Blanqui, l'agitateur, l'homme des foules, l'homme des faubourgs, le génie conspirateur de ce siècle eût cru son frère Joseph Blanqui, humble *ouvrier menuisier*, s'il l'eût cru fou ou simplement simple, lui eût-il confié, en partant pour les prisons, ce qu'il avait de plus cher au monde, ses plans, ses papiers? Lisez l'*Enfermé* de Geffroy, ce maître de la plume et de l'observation. L'auteur dit qu'il était doux, dévoué et intelligent.

J'en passe, j'en passe...

Leur dénierez-vous encore le sentiment du patriotisme?

Faut-il vous rappeler le nom du sourd-muet Joseph dit de

Solàr, tué à l'ennemi, du sourd-muet Deydier et de celui plus
récent puisqu'il date de 1870, de M. Amet, engagé volontaire à
Douai au 20ᵉ bataillon de chasseurs à pied, sous le matricule
2695 (je précise) qui fit la campagne de la Loire avec le 1ᵉʳ corps
d'armée, fut fait prisonnier à Strasbourg et emmené avec tant
d'autres à Stranbing (Bavière). Il compte 18 mois de service et
8 mois de captivité : Et encore récemment ne demandions-nous
pas, en cas de guerre, à servir notre patrie comme ambulanciers
ou brancardiers.

Leur dénierez-vous le sens artistique? Lisez les catalogues des
Expositions, des Salons, les listes de récompenses, les compte-
rendus des soirées de pantomimes jouées par des Sourds-Muets,
ouvriers dans la vie ordinaire.

Leur dénierez-vous le sens religieux? Mais, chez certains, il
est outré. Pour ne parler que de la France un grand nombre de
communautés renferment des nôtres, hommes et femmes. Ne
réclamons-nous pas un temple pour les Sourds-Muets?

Leur dénierez-vous la connaissance des affaires de leurs pays?
Mais beaucoup se passionnent pour telle ou telle nuance politique, pour tel ou tel parti, tel ou tel homme; nous avons eu de
fanatiques partisans de tels ou tels hommes; d'autres gardent le
culte du passé; plusieurs font partie de comités électoraux, et
leurs services n'y sont pas dédaignés, au contraire.

Nierez-vous notre goût littéraire, l'intelligence du style? mais
plusieurs sont bacheliers, plusieurs écrivent et pensent de façon
des plus impeccables, nous avons notre journal, nous avons des
anciens et des jeunes de talent et de savoir, des polémistes, des
pamphlétaires qui manient la plume d'une manière splendide, et
bataillent avec acharnement pour le succès de nos revendications.

Parlerez-vous de leur sens de la famille? Mais il sont et devien-
nent de plus en plus nombreux les silencieux mariés et ils se
tirent d'affaires, aiment et élèvent leurs enfants comme il est
rare de le voir faire dans les petites classes sociales, et je dois
ajouter que dans les ménages que je connais, leurs enfants sont
d'une intelligence et d'une vivacité extraordinaires; que l'amour
des époux entre eux, leur sollicitude pour leurs petits sont tou-
chants, et vous voulez nous empêcher de nous unir entre nous,
selon notre cœur, en dressant devant nous et devant les yeux
des crédules et des naïfs le spectre de l'hérédité morbide! quelle
belle réponse vous font nos familles, et encore je dirai que, ni
plus, ni moins que les autres humains, nous avons nos joies,
nos tristesses, nos passions, nos soucis; nous vibrons parfois
d'une manière plus sensible et plus expressive.

Je n'en finirais pas. Sont-ce là faits et gestes de déséquilibrés, de détraqués, de fous? Au point de vue intellectuel, moral, nous valons les entendants-parlants, ni plus ni moins, nous sommes bien de l'Humanité avec nos forces, nos faiblesses aussi et à moins d'enfermer cette dernière tout entière, anthropologistes compris, entre les trois murs et la grille d'un cabanon (ce qui serait peu commode, avouez-le chers docteurs) je ne vois vraiment pas ce qui peut justifier l'opinion du Dr Minnings et de ses coreligionnaires, à moins qu'ils n'aient pris quelques exceptions pour la règle, à moins qu'ils n'aient basé leur jugement sur quelques individualités pour les appliquer à la généralité, ce qui est excessif, à moins aussi qu'ils n'aient visités certaines établissements religieux où nos pauvres frères sont élevés sous couleur d'économie, de ressources insuffisantes, dans une promiscuité d'individus que je ne veux pas qualifier.

Et nous devons réagir, et nous le faisons de toutes nos forces; nous avons institué à Paris un comité de Vulgarisation de l'alphabet manuel, pour étendre, faciliter nos relations avec les entendants, cela grâce à l'énergie, à l'endurance dans l'idée d'un des nôtres, M. Cochefer. Les professeurs de Sourds-Muets ont le devoir strict de nous soutenir dans cette lutte contre ces idées anti-sociologistes, anti-humaines, car, pour ces derniers, je ne vois pas ce qu'il peut y avoir de flatteur d'appuyer ou de ne pas réfuter les élucubrations à la Minnings. J'en connais qui ne craignent pas de le soutenir, à ceux-là je dis simplement : « Soyez logiques : Ou vous êtes des professeurs sortis de l'Université et des Ecoles normales, où vous êtes de simples aide-carabins, des garçons de salle d'hôpital d'idiots et de crétins, il n'y a guère moyen de vous vanter alors; il n'y a pourtant pas de milieu ».

Heureusement que quelques membres de l'Edilité parisienne, quelques journalistes au cœur juste et impartial, des députés vraiment dignes de leur mandat qui est de défendre les petits, ne partagent pas la manière de voir de ces messieurs de la science anthropologique ; ils nous l'ont prouvé et nous en donnent encore de belles preuves. Merci à eux, ce sont des hommes !... et de conscience !... Mais nous ne serons vraiment sûrs de l'issue de la lutte que le jour où nôtre avenir sera assuré, où le soin de l'éducation des jeunes sera enfin rayé, enlevé des cartons, de la promiscuité honteuse où ils sont au Ministère de l'Intérieur pour être remis ès-mains de celui de l'Instruction publique; il nous faut une loi dans ce sens et des députés dévoués qui la présentent et la défendent devant les Chambres françaises, prenant ainsi l'œuvre des constituants et des conventionnels

de 1791-1792. Nous ne désespérons pas de les trouver, la France
est riche en pareils hommes. Tout récemment, M. Deschanel,
vice-président de la Chambre, à notre fête républicaine du
26 juillet en l'honneur des lois libératrices des 28 et 29 juillet 1791 et 28 juin 1893, dont il avait si gracieusement accepté
la présidence, nous disait en finissant son beau, vibrant et vécu
discours :

« Si la parole est parfois l'inspiratrice des grandes actions le
« silence est l'inspirateur des grands sentiments et des grandes
« pensées. Il faut n'avoir point vécu pour ne pas comprendre ce
« que le silence dans lequel vous vivez, l'espèce de recueillement
« et de concentration continue, où naissent et se développent vos
« sentiments et vos pensées, doivent ajouter de pénétration,
« d'intensité et de saveur à votre goût esthétique, à votre sens
« de l'idéal et aussi aux passions les plus hautes et les plus
« pures qui puissent agiter vos âmes : les affections de famille,
« votre solidarité fraternelle, l'amour de la Patrie, le noble tour-
« ment de la Justice ».

Ce sont là parole de cœur, expression de pensées vraiment
humaines et justes, desquelles, ici surtout au grand jour, à la
face des représentants des diverses nations silencieuses, je tiens
à remercier M. Deschanel. Elles forment aussi la plus fière et
plus noble réponse que l'on puisse faire à ces assertions suran-
nées, inhumaines, proclamant, affichant l'état de déchéance
intellectuelle et morale (l'une ne va pas sans l'autre) du Sourd-
Muet. A telle réponse peut-il être de réplique?

En notre âme et conscience, forts de nos faits, nous ne le
pensons pas : Qui se lèvera encore pour nous crier *racca*?

Il nous faudra toujours, encore de ce courage, de cet entregent
par lesquels la nation silencieuse occidentale commence à manifester sa vitalité; il nous faut surtout, surtout une cohésion,
une union, une *vraie* discipline de *tous* qui feront de nous une
masse imposante d'idées, marchant à grands pas vers le phare
éblouissant de notre vrai relèvement social, intellectuel, vers
le pain de chaque jour assuré aux petits humbles (je le répète,
c'est pour eux que je vis) et vers l'avenir enfin tranquille et
paisible pour nos vieillards, pour nos invalides de la vie.

Je ne désespère pas de voir mon pays donner ce déni, le meilleur, aux opinions de savants que je veux croire égarés et
mal préparés pour l'étude de la psychologie silencieuse. Qu'ils
daignent descendre de leur piédestal, qu'ils viennent se mêler à
nous, qu'ils nous analysent en connaissance de cause dans notre
vie la plus intime, qu'ils scrutent nos pensées jusqu'au plus pro-
fond de leurs replis, nous ne demandons que cela, mais qu'ils

ne s'en tiennent à de froides études de laboratoire ravaudant l'homme, la créature de Dieu, au rang des animaux (car j'ai lu une de leurs thèses, soutenant ce système!) qu'ils apprennent notre langage, en étudient l'expression; c'est le moins qu'ils nous doivent après le mal qu'ils nous ont fait...

Et ils trouveront leur chemin de Damas.

Et nous, nous trouverons notre triomphe, nous le trouverons surtout en une solidarité universelle.

MÉMOIRE POUR LA QUESTION

Si le rétablissement de la méthode d'enseignement mixte dans l'établissement duquel elle fut exclue est possible.

PAR M. ALBIN-MARIE WATZULIK

D'après les observations faites je considère la question posée dans le sens de l'affirmative parce qu'en effet dans bien des établissements l'on a remarqué une amélioration par la réintroduction de la langue de gestes jusqu'alors rendue risible, mais nous devons continuer la lutte afin d'obtenir de nouveaux succès tel que jusqu'à présent j'entretiens sans faiblesse la lutte depuis 1893 dans le *Wiener Taubstummen Courier* contre les partisans de la méthode orale pure. L'appui dans ce but ne m'a pas manqué, m'a rendu de bons services et il en sera de même dans l'avenir. Avant tout j'exprimerai à cette occasion mes chaleureux remerciements aux Sourds-Muets français et américains, mais aussi aux autrichiens et italiens par leurs contributions littéraires. Maintenant je mettrai la fin dans une série d'articles sur la lutte des méthodes. Ceux-ci ne manqueront pas de faire une profonde impression sur les professeurs allemands. Mais il faudra prendre au service aussi la presse politique. Continuons la lutte sans relâche et notre cause triomphera.

MÉMOIRE SUR LA QUESTION

S'il est recommandable que l'alphabet des doigts soit à introduire chez les hommes pleins de sens ?

Par M. Albin-Marie WATZULIK

d'Altenburg (Saxe)

Je suis absolument pour l'affirmative de cette question. Il faut espérer que le temps ne soit plus éloigné où la raison s'inspirera de l'humanité plein de sens de venir en aide aux sourds-muets afin de leur faciliter le commerce de l'explication autant que possible de manière à élever à un degré plus haut l'intelligence des « quatre-sens ».

Pour atteindre ce but, il faudrait faire de notre part un pas convenable en avant. Il conviendrait peut être de faire établir à nos frais sous forme d'une affiche l'alphabet des doigts et le faire exposer dans les restaurants, hôtels, cafés et établissements scolaires. En même temps nous pourrions faire imprimer au petit format l'alphabet des doigts et faire vendre au profit de nos caisses des sociétés. Je crois que cette mise en avant serait un bienfait à notre cause.

Initiative pour les Sourds-Muets en Suisse

Par Charles WIELER

de Trimbach (Argoire Suisse)

Pour parer à la timidité et à l'Isolation vis à vis des autres sourds-muets étrangers, de mêmes Compagnons de sort est le meilleur : une feuille intelligente pour les sourds-muets, laquelle, est justement dans le pays de Suisse trop peu en expérience pour infiltrer utilement une instruction, touchante à l'encouragement à l'initiation fraterne, pour le bien-être véritable, à hâter l'éducation des facultés intellectuelles et corporelles, pour tous les sourdes muettes.

Sans cette feuille pour intéresser les sourdes-muettes, le même sourde-muette aussi ne peut devenir lui-même point homme intelligent et philanthrope.

Un titre favorable de cette feuille pour les sourdes-muettes (de la Suisse) est à conseiller : *Messager des Sourdes-Muettes Suisse.*

Il est de même une tâche important, de donner Occasion aux sourds-muettes timides à des relations fréquemment de les conduire et les entretenir à des actions d'arrêter, sur des choses différentes, surtout pensant aux frères *isolés*, et commencer l'effort d'avancement en distribuant des feuilles périodique pour l'incitation progressive de la cause des sourdes-muettes *Suisse*, et de former s'il est venu nécessaire une société des sourdes-muettes dans une sage modestie.

La solidarité, entre les sourdes-muettes, particulièrement entre les sociétés des sourdes-muettes, seraient nécessairement à constituer pour qu'elles peuvent travailler en commun, contre les abus à l'intérieur ou à l'extérieur, lesquelles peuvent exister, avec fermeté et énergie et hâter l'état du droit et l'organisation parmi tous les sourdes-muettes.

Mais la chose principale est, qu'il faut tourner le front avec énergie contre la tiédeur et le découragement de soi-même, pour qu'il n'éprouve la honte sur la réussite du progrès sur l'état des sourds-muets. Mais non seulement ceux qui sont instruits, aussi les moins instruits ne doivent se laisser décourager de ceux dont leur peine été pour rien, au contraire ils doivent au moins préserver, car il peut venir un temps meilleur grand-même les tâches et les délivrations pour l'amélioration et la réussite des Sociétés de Sourds-Muets se montrent encore avec de lourds soucis.

Cependant, chaque membre, ne doivent s'émouvoir par la pensée irritable de la dédaigneuse Isolation, *Isolation* et de tout chose, et fâcheuses situations dans la fraternel la société, mais aider avec un ferme et forte volonté a améliorer la position souffrantes des frères sourds-muets, et aider que la renovation et la solidité du sentiment philandrohique bonne position prenne. Il n'est pas bon comme est souvent arriver, que beaucoup, qui ont le bonheur de posséder son esprit heureux et beaucoup connaissance en réflexion, se croient et les vantent encore tout haut; il arrive par cela que beaucoup des moins instruits se trouvent offensés et timides ils s'en vont. Mais quel noble cœur doit avoir celui-ci laquelle dois aider faire d'un ignorant, un intelligent et un homme instruit, de s'informer chez les apprentis sourds-muets comment ça va chez leurs maîtres, et leur parents nourrisson, la Société des Sourds-Muets a le droit de les surveiller quand il ne sont pas traiter favorablement ou convenablement chez leurs maîtres et parents nourrissons, et elle doit avoir soin de leurs santé corporelles et intellectuelle.

On leurs doit donner, pour encouragement par rapport à leurs édification et éducation des écrits ou livres recommandés. Ils ne peuvent pas avantageusement fréquenter les écoles avec ceux qui ont l'ouïe bonne. — Dans le monde des sourds-muets, doit être, en considération des jeunes sourds-muets un effort d'utilité applique, pour en faire d'eux des hommes instruits et utiles. Pour le meilleur est-il, qu'ils obtiennent des initiations religieuses.

Encore est-il désirable de savoir : comment ça va chez les sourds-muets vieux et incapables de travailler. La règle de bien séance veut comme dit aussi la parole de Dieu : qu'on doit se lever devant une tête à cheveux gris, et honorer les vieux. Ça regarde aussi les jeunes avec bonté et amour paternel sans être rebutant et indignée, pour que les jeunes peuvent témoigner leurs amitiés et leurs franchises sans faute et entêtement.

Il y a aussi un droit, que les sourds-muets qui s'aiment de s'enivrer souvent, doivent d'être sévèrement exhortés et priés qu'ils abandonnent cet abus de boire, et qu'ils vivent sobrement. Mais si, après beaucoup de peine du côté des membres sourds-muets ils ne quittent pa, cet abus de boire, ils ne doivent plus être regardés comme membres parce qu'ils portent préjudice à la Société des sourds-muets, ils méprisent et mésestiment le bien être utile dont le sourd-muet honnête a besoin.

Chaque sourd-muet doit s'exercer d'avoir un caractère désintéressé et de conscience vis-à-vis de ses frères. Si on voulait résumer, la somme principale est que tous les sourds-muets devaient mieux connaître et apprendre la devise :

Fraternité, sociabilité et formation

La bataille, entre le parler de la main, et le parler de la bouche donne le beaucoup de sourds-muets tout sortes de communication que le premier doit être rayer totalement et donner la place au parler de la bouche, chaque sourd-muet, bien exprimenter le sait très bien lui-même pourquoi ? Ce qui est très su par expérience, que le parler par geste, est très important vis-à-vis du parler de la bouche, dans la conservation et dans l'entretien. On demande si on veut la laisser complètement de côté, ou la conserver pour un temps à l'évidence et à l'examen de chacun ; toute fois il arrive très souvent, que la plupart des sourds-muets en parlant seul la langue de la bouche font beaucoup de mots indistincts sans pouvoir savoir, que ça veut dire en faisant des grimaces de toute sorte, aussi que d'autres en parlant par geste donnent des signes disgracieux et incorects. Comment-on remédier à cela ? Seulement par l'exercice de soi-même par le développement et la formation de ses pensées, ses faits et son parler, peut devenir celui-ci, dans les relations de sa vie un homme de talent et intelligent vis-à-vis les sourds-muets et aussi bien que ceux qui ont l'ouïe bonne, et cela dit, il peut se montrer avec la plus grande facilité, sans timidité, dans les relations avec ceux qui ont l'ouïe bonne dans le parler avec la bouche, et avec les sourds-muets avec le parler de gestes.

Il est très nécessaire, que chaque sourd-muet s'exerce dans le parler de la bouche, avec plaisir pour parler correct, et dans le parler de geste, pour parler exactement.

Les sourds-muets doivent savoir comme il faut les deux langues, car ils les ont besoin, et ses sortes des variations de langues donnent à ceux-là une force de penser et de talent aussi bien en travaillant qu'on relation en parlant. Sans se servir la langue de geste, véritable langue de mère des sourds-muets, ils ne peuvent pas ouïr de l'activité dans eurs entourages, en parlant seul, de langue de parler de la bouche, et pas plus avoir abondance en pensée et être versés en réflexion de lui-même. Veulent dont les sourds-muets, tâcher d'arriver, en se donnant de la peine pour l'exercice du développement dans le parler par geste aussi bien en parlant la langue de la bouche, quand ils veulent devenir des hommes intelligents et instruits. Rien au monde est aussi mauvais pour celui ne veut rien apprendre, et rien aussi beau que celui, qui est véritablement bien instruit.

Quand et où devrait avoir lieu le prochain Congrès de Sourds-Muets

PAR M. Albin-Marie WATZULIK

D'Altenburg (Saxe)

Je vous prierai de donner l'honneur du prochain Congrés en l'année 1900 à la ville de Paris par le motif que beaucoup de sourds-muets visiteront cette ville par rapport à l'Exposition universelle qui y aura lieu, et répondent avec empressement à l'appel qui sera lancé par les sourds-muets français.

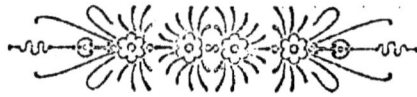

ANNEXES

LETTRES ET TÉLÉGRAMMES

Salzgeber Genève l'Aula à l'Université, messieurs, mon âme, mon cœur sont chez vous et chacune de vos résolutions pour le bien du monde silencieux aura mon approbation. Je vous embrasse et vous envoie mille salutations

WATZULIK, *Altenbourg.*

Congrès des Sourds-Muets Genève Université vous souhaite succès fructueux de vos travaux.

BRILL ; *Vienne* (Autriche).

Congrès des Sourds-Muets, Genève. Au Congrès prospérité heureux souhaits,

Salutations,
ROTTMANM, *Munich* (Bavière).

Congrès des Sourds-muets Université Genève. Des bords du Rhin nos meilleurs vœux au Congrès des Sourds-Muets au bord du lac Léman ; développement croissant et progrès continuel.

CLUB HEPHATA, *à Bâle.*

Lund en Suède, le 17 août 1896

Her Jules Salzgeber

Genève.

Président du Congrès International des Sourds-Muets. Au premier Congrès des Sourds-Muets Suisses, souhaits cordiaux et salutations.

Empêché de pouvoir participer au Congrès je lui souhaite succès heureux et vous dirai : « Débarrassez-vous cette méthode de perroquet ? Tripples Hourrah au système d'instruction combiné!

Sign : GERHARD TITZE.

Munich, 10, 8, 96.

Monsieur et cher collègue,

Regrette vivement que je ne puis comme représentant de notre Club venir à Genève. En mon nom et au nom de notre Club je souhaite au Congrès International bien du bonheur et du succès.

Votre dévoué

Adam ROTTMANN, *Président du Club des Sourds-muets* « *Monachia Impérial.* »

Berlin, le 15 Août 1896.

La Société centrale et l'association des femmes à Berlin adressent au Congrès international de Genève leurs vœux les plus cordiaux et lui souhaitent un succès heureux de ses travaux. Malheureusement nous ne pouvons venir nous mêmes attendu que nous aurons, du 23 au 25 août, notre fête paroissiale. Nous avons acheté il y a 3 ans, ici à Berlin, une maison pour notre société dans laquelle se trouvent actuellement 6 hospitaliers. En outre la Société paye annuellement Mack 3650 de subvention aux sourds-muets nécessiteux. Nous disposons d'une chapelle dans laquelle M. Schœnberner intendant supérieur fait le service dans la langue de gestes ; un second prédicateur, M. Schulz, qui a appris la langue de gestes également le remplace en cas d'empêchement dans ses fonctions. En mai 1898, la Société locale (association des hommes) aura son 50e jubilé et la Société susindiquée prie de vouloir participer nombreux à cette fête si rare.

Salut fraternel !

(L. S.)

(Sign) J. A. CHARLES REUMPF, *président de la Société centrale pour le bien des Sourds-Muets*

SOCIÉTÉ DE SECOURS MUTUELS ENTRE SOURDS-MUETS DE ROME

Siège social : Rue Sicilia, 207.

Rome, le 12 août 1896

Monsieur le Président,

Nous avons l'honneur de vous communiquer que l'Assemblée que nous avons tenu le 8 courant, a délégué notre président, M. François Micheloni, à représenter la Société de Secours Mutuels entre les Sourds-Muets à Rome, au congrès international des Sourds-Muets qui aura lieu à Genève, le 19 courant.

Nous profitons avec un grand plaisir de cette belle occasion pour vous manifester hautement nos sentiments de fraternité pour tous ceux qui participeront à cette immense réunion, d'une autre part, de tous ceux composant notre Société.

Avec les meilleurs souhaits d'un immense succès, et cela quand il viendra discuter dans ce congrès.

Vos très dévoués.

Le Vice-Président,   *Le Secrétaire,*
ALBERIGO CARDELLINI.   E. BOGGIO.

SOCIÉTÉ DE SECOURS MUTUELS ENTRE
SOURDS-MUETS DE GÊNES
Gênes, le 18 Août 1896
Monsieur le Président du Congrès International
des Sourds-Muets à Genève

Nous Sourds-Muets de la Province de Gênes (Liguri) et italiens domiciliés à Gênes, nous vous remercions avec nos collègues pour l'honneur que vous nous avez fait par votre invitation à participer au Congrès International des Sourds-Muets qui sera tenu à Genève, du 19 au 23 août courant et à l'occasion de l'Exposition Nationale Suisse. C'est avec un grand regret que plusieurs circonstances indépendantes de notre volonté que nous ne pouvons prendre part au travail pour l'amélioration morale et matérielle de notre classe, tandis que dans notre cœur comme dans notre cerveau, ce serait avec un désir très vif que de fraterniser en compagnie de ces très agréable messieurs les congressistes de chaque pays, qui dans ce moment sont orgueilleux d'être à cette solennelle réunion.

Tout de même, nous sommes bien heureux de vous communiquer que l'Assemblée des Sourds-Muets, dans sa séance du 11 courant, vu les agréables circulaires que vous nous avez adressées de cette honorable présidence, elle a déclaré et approuvé le rétablissement de la méthode mixte et la propagande active de l'alphabet manuel, comme la première et la plus pratique méthode, qui nous place en relations avec ceux qui entendent et qui parlent, oubliant les autres importantes questions de compétence du Congrès, et nous ferons tous notre possible pour s'uniformer à cette délibération.

En même temps, nous avons chargé M. François Guerra, de Naples et François Michelloni, de Rome, nos honorables associés à nous représenter étant pleinement convaincu de commune idée et d'opinion exposés par eux.

Dans l'espoir que le résultat du Congrès International des Sourds-Muets, correspondra concordement aux jugements de tous ces honorables et intelligents professeurs, nous faisons des vœux sincères, pour la bonne réussite et pour la fixe résolution des autres questions relatives à notre bien être. Nous avons foi en vous et à tout ces messieurs Congressistes, de vouloir nous pardonner notre absence.

En vous envoyant nos plus humbles remerciements, et les meilleurs souhaits de solidarité entre nous tous, en terminant nous sommes tous rassemblés et nous lançons un triple hurrah, pour Genève, notre Congrès et à la Suisse enfin. **Vive Genève** qui si généreusement hospitalière et permet de se serrer la main aussi dans les plus lointaines frontières.

Vos dévoués frères,

EDOUARD ORENGO, *président*. — JOSEPH SORIVA, *vice-président* — PIERRE PETRONE, *secrétaire*. — Jos. FOSELLI, *caissier*.

Naples, Forre Annunziata, le 18 août 1896.

Monsieur le Président,

Je soussigné et au nom de mes compagnons les Sourds-Muets des provinces méridionales, nous faisons l'éloge aux délibérations prises par le Congrès International en faveur de l'instruction avec la méthode recommandée, soit : celle de l'Abbé de l'Epée, fondateur et père des Sourds-Muets, dite méthode mimique étant la seule par laquelle les Sourds-Muets auront enlevé un grand avantage à leur bénéfice et pouvoir se rendre utile à eux-mêmes, à la famille, à la Société et à la patrie. En tous cas, M. le Président, vous pouvez demander après moi à M. Guerra François et je vous prie de recevoir au nom de tous, nos plus vifs sentiments, d'une sincère reconnaissance.

Votre très dévoué.

VINCENCHIRICTTO.

Ex-maître des Sourds Muets.

AVIS

Le Bureau a encore reçu un grand nombre de lettres et de mémoires dont la traduction n'a pu être faite à temps.

Après le Congrès, M. Salzgeber président, a communiqué au président de la Confédération Suisse et aux ambassadeurs à Berne des Nations Etrangères une copie des résolutions prises par le Congrès en les priant de les communiquer à leurs gouvernements respectifs :

M. Salzgeber a reçu les réponses de M. Lachenal, président de la Confédération et de l'ambassadeur d'Italie à Berne.

Voici la teneur de ces réponses :

Monsieur Jules Salzgeber,
Président du Congrès international des
sourds-muets,   Genève

Monsieur le Président,

Nous avons l'honneur de vous accuser réception des « Résolutions prises par le troisième congrès international des sourds-muets tenu à Genève du 19 au 22 août dernier » que nous venons de recevoir.

Nous vous remercions pour cet obligeant envoi dont nous avons pris connaissance avec intérêt et que nous transmettons au département fédéral de l'Intérieur.

Veuillez agréer, Monsieur le Président, les assurances de notre parfaite considération.

TIMBRE : DÉPARTEMENT POLITIQUE FEDÉRAL.

Signé   A. LACHENAL

LEGAZIONE d'ITALIA

IN SVIZZERA

N° 1993

Monsieur le Président,

J'ai reçu l'exemplaire des résolutions prises par le troisième congrès des sourds-muets tenu dans la ville de Genève du 19 au 22 août et aux travaux duquel vous avez pris personnellement une si large part.

Je vous remercie de cet aimable envoi.

Je ne saurais mieux prouver l'importance que j'attache à vos délibérations qu'en les transmettant à mon Gouvernement et en les recommandant à son attention, ce que je fais aujourd'hui même.

Veuillez agréer, Monsieur le Président, les assurances de ma considération distinguée.

LE CHARGÉ D'AFFAIRES D'ITALIE :
Signé :   Ed. MAYOR

COMPTE FINANCIER
DU CONGRÈS DE GENÈVE

RECETTES

Perçu 0 fr. 20 par mois et par sociétaire pendant 2 ans	89 25
Surplus sur les consommations	11 7»
Produit de la collecte	492 20
Vente des billets de la loterie	344 70
Surplus sur le banquet	27 0
Surplus couronne mortuaire E. Salzgeber	2 20
Dons de trois sourds-muets de passage à Genève	4 45
Vente des programmes à l'Aula	38 50
TOTAL REÇU	1.010 »

FRAIS

Payés à M. Gaillard pour circulaires et program.	80 20
Location des salons Handwerck	25 »
Déboursé à M. Gaillard pour envoi de bons, taxes de lettres, frais divers	18 »
Payés à M. Buzzi, imprimeur de Genève pour circulaires	30 50
2 insertions sur la Feuille d'avis	7 »
Pour décorations (insignes)	12 45
Pour 5 copies des résolutions du congrès	6 50
Traduction des mémoires italiens et allemands	20 »
Achat des lots pour la tombola	49 80
Cartes souvenirs, menus de banquet, rouleaux, billets de tombola	78 15
Télégramme adressé à la Cie P.-L.-M.	6 80
Correspondance avec les Cie P.-L.-M., du Nord, de l'Ouest, de l'Est et de l'Orléans	5 50
Papiers à lettres, timbres, cartes, mandats	80 »
Payé au pianiste	15 »
Payé pour Clair et J. Burdin pour photographies non payées	16 »
Prêté (perdu) à Césare pour son voyage Genève-Turin	15 »
Récompenses à MM. Gaillard. Ricca, Girard, et aux élèves de ce dernier pour services rendus	111 »
Banquet offert à MM. H. Gaillard, Genis, Lagier, Girard, Traschel et Bécherat Gaillard	39 »
Frais divers	20 75
Avancé pour frais d'impression du compte rendu	237 50
TOTAL	974 15

TOTAL REÇU	1.010 «
TOTAL DÉPENSÉ	974 15
RESTE EN CAISSE	35 85

TABLE DES MATIÈRES

	Pages
Introduction	XI
Première séance (mercredi 19 août matin)	6
Deuxième séance (jeudi matin)	9
Troisième séance (jeudi après-midi)	10
Quatrième séance (vendredi matin)	12
Cinquième séance (vendredi après-midi)	15
Composition du Congrès	22
Le banquet	26
Les tableaux vivants	30
Les Sourds-Muets en Suisse par J. Ricca (Genève)	32
Les relations des Sourds-Muets de langues allemande et française par Louis Fontanellaz-Rochat (Berne)	35
Un Collège national de Sourds-Muets, par Victor Lagier (Saint-Hippolyte-du-Fort, Gard)	38
Les ouvriers Sourds-Muets, par Fernand Aymard (Bordeaux)	43
La colonie industrielle, par Camille Holveck (Alsace-Lorraine)	47
Autres questions, par le Même	47
L'Éducation des Sourds-Muets, par H. Genis (Paris)	49
L'Art chez les Sourds-Muets, par R. Hirsch (Paris)	51
Mémoire, par Albin-Marie Watzulik (Altenburg, Saxe)	53
Mémoire, par le Même	55
Mémoire, par Henri Gaillard (Paris)	56

Les Sourds-Muets doivent-ils être considérés
comme des manœuvres ? par Dusuzeau (Paris),   60
Discours, par M. Francesco Guerra (Naples).   62
Quelques considérations sur l'Institution de Saint-
Hippolyte-du-Fort, par V. Lugier.   66
Discours par Francesco Micheloni (Rome).   68
Allocution du représentant de l'école des Sourds-
Muets de Gruyères (Valais).   70
Les Sourds-Muets et les Anthropologistes, par
Eugène Née (Paris).   72
Mémoire, par Albin-Marie Watzulik.   80
Mémoire, par le Même.   81
Initiative par les Sourds-Muets Suisses, par Ch.
Weiler (Trimbach).   82
Quand et où devrait avoir lieu le prochain Con-
grès, par A.-M. Watzulik.   85
Annexes (Lettres, télégrammes, etc.).   87
Compte financier du Congrès.   93

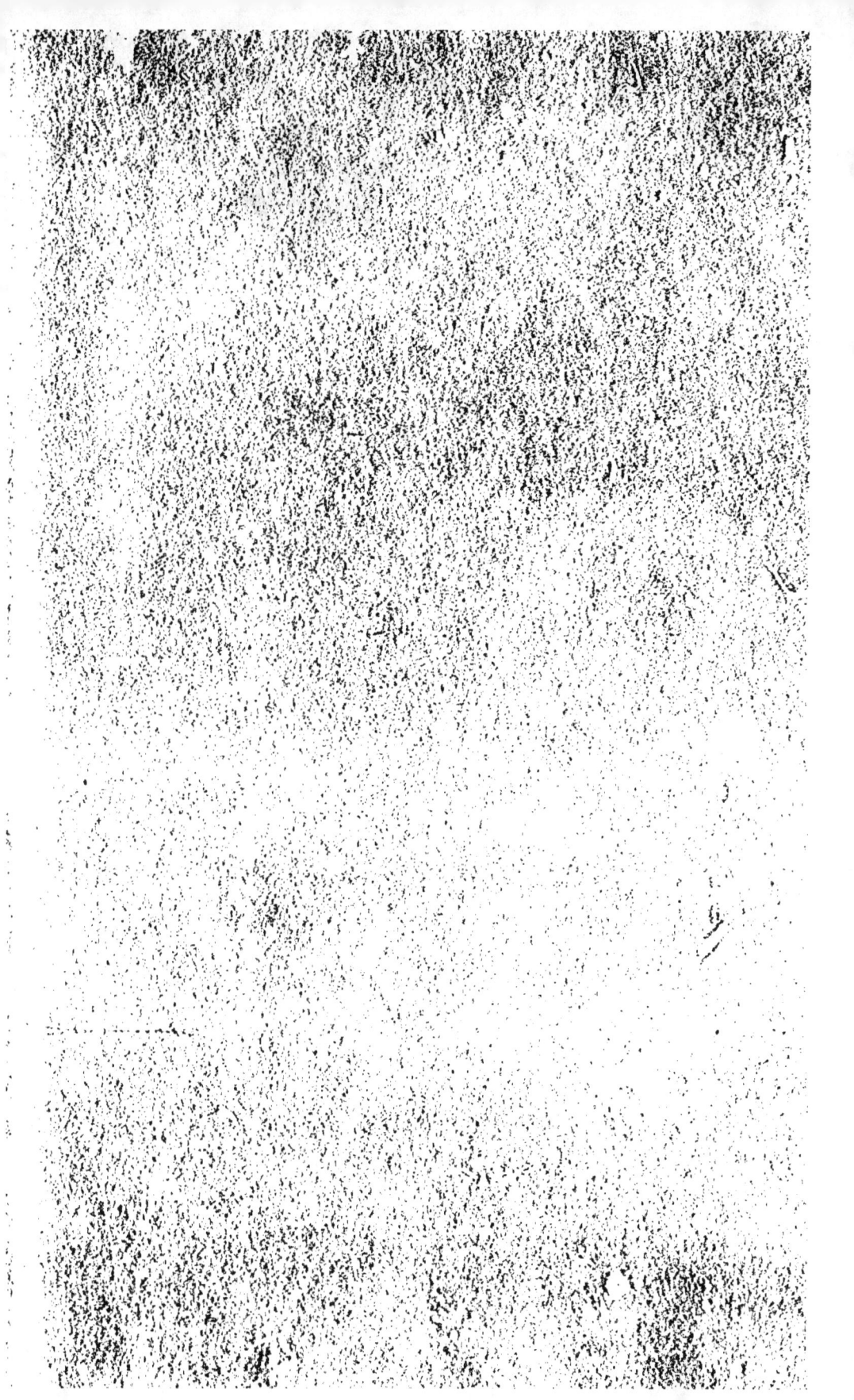

www.ingramcontent.com/pod-product-compliance
Lightning Source LLC
Chambersburg PA
CBHW052052270326
41931CB00012B/2727